平

73

神と肉

日本の動物供犠

原田信男
HARADA NOBUO

HEIBONSHA

神と肉●目次

はじめに

今の若い人たちのなかには、知らない人の方が多いかもしれないが、少し前まで、私たち日本人は、古来、肉を食べない民族だと考えられてきた。民俗禁忌のなかには、肉を食べると口や鼻が曲がるとか、眼が見えなくなるとかいった俗説が多数存在し、かなりのリアリティをもって人々に広く受け容れられてきた。肉は穢《けが》れであり、日常から遠ざけるべきものと長いこと意識されてきたのである。

そのいっぽうで、薬食いとか鹿食免《かじきめん》という名目を設けて、実際には肉が食されてきた。肉は栄養価が高いので、病気や身体の消耗の激しい時には黙認されてきた。また鹿食免とは、後にみるように、狩猟神の系譜を引く諏訪大社上社《かみしゃ》が発行するお札《ふだ》で、これがあれば肉を食してもかまわないとされている。

こうした抜け道の存在は、社会の建前《たてまえ》とは別に、かつては広く肉食が行われていたことを物語る。もちろん日本にも狩猟・漁撈が、食料獲得に重要な位置を占めた時代があり、肉は重要な動物タンパク源であった。そもそも肉という文字は、中国風の音読みが「ニク」で、訓すなわちヤマト言葉では「シシ」である。イノシシ（猪）・カノシシ（鹿）・カモシシ（羚羊）は、かつては日常的な食料であった。

これを禁じたとされるのが、天武天皇四（六七五）年のいわゆる〝肉食禁止令〟であるが、その禁止期間は四月から九月まででであり、対象はウマ・ウシ・イヌ・ニワトリ・サルの五種に限られる。ところが、「シシ」として一番食べられてきたはずのイノシシとシカが抜け落ちていることから、これを肉食禁止令とみなすことはできない。

しかも禁止期間は、水田稲作の時期にあたる。これは厳密には殺生禁断令とすべきで、古代律令国家は、稲作の順調な展開のために、部分的に肉食を禁じたのである。つまり米を天皇が祭祀を司《つかさど》る〝聖なる〟食物とみなし、その生長に障害となる肉を〝穢れた〟食物と規定したにすぎない。すでに、この間の事情については、拙著『歴史のなかの米と肉』〔原田：一九九三〕に詳しく述べたので、同書を参照されたい。

日本における肉食の忌避は、あくまでも国家による歴史的な選択の結果であったが、そこで次に問題となるのは、米と肉との関係である。これを上記のように説明してしまうと、あたかも両者が対立関係にあり、双方が全く関わりをもたなかったかのごとき印象を与えてしまうことになりかねない。日本の歴史においては、ある段階から、明らかに米が肉よりも上位におかれるようになったが、なにも米のために肉を否定する必然性はなかった。

むしろ稲作地帯である東南アジア・東アジア世界において、米と肉は矛盾なく同居している。もちろん、これらの世界で米のために神へ肉を捧げる事例は、数限りなくある。ところが、なぜか日本では、そうした肉すなわち動物の供犠が欠落している。それはなぜなのか。このことを正しく検証していくためには、まず日本の歴史において、農耕を目的とした動物供犠が存在したかどうかを確認しておく必要がある。

ところが、かつて日本人が肉食を行っていたという事実があるにもかかわらず、日本には動物供犠がなかったと多くの人が思い込み、歴史研究者たちも、ごくわずかな人々を除いて、そう考えてきた。たしかに日本では動物の供犠が、文献上に登場することはめったになく、それを窺わせる記述があっても、ほとんどの研究者は、これを例外的なものとみなして、正面から検討を加えることを避けてきた。

しかし近年における動物考古学の発達はめざましく、その成果を文献に照らし合わせてみると、日本でも農耕を目的とする動物供犠が行われてきたという歴史事実が浮かび上がってくる。たしかに動物供犠に関する文献史料は少ないが、そもそも文字の使用が広まったのは、肉食という行為自体を積極的に否定しようとした、ほかならぬ古代律令国家の成立以降においてである。このことの意味は大きく、それが研究の致命的な盲点となってきた。

肉食や動物供犠の否定は、国家の建前そのものであるから、不都合な記述は消されたり書き換えられたりもしただろう。それゆえ日本における動物供犠の歴史的検証は、正直なところ困難を極めた。しかし、従来見過ごされてきた文献を新たな視点から読み直していくと、日本も、農耕のためにさまざまな動物供犠を行ってきた稲作文化圏の国々と、ほぼ同様の事情を抱えていたという事実が浮かび上がってくる。

日本の歴史も、そうした稲作文化圏の一部をなしているにすぎない。かつて日本の神々も、多くは好んで肉を食べてきたのである。ただ、あえて日本の特異さを強調するなら、東南アジア・東アジア世界では、米と魚とブタとをセットとして肉食を行い、ブタをはじめとする動物の生命を、米の生産という目的のために捧げてきたのに対して、ある時点から、日本ではそれらを徹底的に排除してきた点が挙げられるだろう。

これは前著でも指摘したように、米のために肉を徹底的に遠ざけようとしてきた日本の歴史事情によるものであるが、本書では、これに関わる動物供犠の日本における特殊性という問題を扱う。そこでまずは、なにゆえ生命が捧げられるか、という基本的な問題からはじめ、その沖縄における様相を具体的にみておきたい。そして視線を中国大陸と朝鮮半島に転じた上で、日本の動物供犠の類型化を行い、これを歴史的に検証するとともに、それが見えにくかった理由についても考えてみたいと思う。

こうした問題を踏まえて、まず沖縄の事例から検討する。それは日本のうちでも、いわば例外的に肉食の伝統を強く残したところだからである。幕藩体制下での薩摩藩の侵略により、琉球王国においても米を至上のものとするような〝日本化〟が進んだが、さいわい農耕と動物供犠の深い関係を想起せしめるケースが現存する。

そして沖縄の問題を押さえた上で、動物供犠の事例が文献的にも明確であり、かつ日本に大きな影響を与えた古代中国における様相をみていく。その祭儀と動物供犠とは実に密接で、四書五経の世界には、そうした儀礼の体系が如実に示されている。その中国世界と接して、かつ日本列島への架橋となった朝鮮半島の場合を、次に検討する。基本的に肉食を続けてきた朝鮮では、日本とは異なって古代の正史に動物供犠が登場する。また近代において朝鮮総督府が行った膨大な民俗調査にも、豊富な事例が記し留められている。

日本については、動物供犠の歴史的な段階を追究する前に、そもそもそれが存在したことをまず示す必要がある。文献史料を、民俗事例を参考にしつつ、動物供犠の観点から読み直すとともに、関連語義の検討から入りたい。これまでの先入観を洗い流してみる作業がなによりも重要だと思われる。

さらに考古学の成果を活用しつつ、縄文時代の事例について考えるが、これについては動物供犠という概念は当てはまらないとすべきだろう。むしろ生命という供物は、農耕という生産活動が本格化した弥生時代以降に、盛んに捧げられるようになる。その過程で、かつては狩猟のための動物祭祀だったものが、農耕のための動物供犠へと変化していく事例を検証する。いわゆる農耕を目的とした弥生的動物供犠は、古代国家の下においても、諸国一宮《いちのみや》クラスの神社では広く行われていたことを明らかにする。

こうした弥生的供犠は、狩猟活動の延長線上で野獣を対象とするものであったが、やがて古墳時代に牛馬が移入されると、家畜を用いた動物供犠が日本でも定着をみるところとなる。もちろん米のために肉を排した古代国家の理念は、野獣にしても家畜にしても動物供犠を否定するものであったが、これらは農耕との関係で、現実には民間に長く近世・近代までも残ったことを指摘する。そして動物供犠の論理は、最終的に人間を供物とするところにまで至る。最後に、この問題を、人身御供《ひとみごくう》や人柱あるいは首狩りという観点から見通すこととしたい。

序章　生命と儀礼

生命という存在

私たちは生きて動いている。地球上には無数の生命体が存在するが、人間は、あくまでもそのうちの一種にすぎない。その私たち人間が生きて動くには、何が必要か？　まず動くためには、熱量つまりカロリーが不可欠とされる。これを燃焼させ細胞内に微妙な温度差を生じさせることで、細胞を動かしている。それゆえカロリーの補給が止まれば、細胞の集合体である心臓も停止し身体は冷たくなって動かなくなってしまう。

また、私たちの身体の最小単位である細胞は、絶えず入れ替わっている。古い細胞が死滅して、新たな細胞に生まれ替わることで身体が維持される。これはカロリーでは解決されず、細胞の創出にはタンパク質、なかでも必須アミノ酸の補給が必要で、一つ一つの細胞は、個体によってそれぞれ異なるDNAという設計図に基づいて再生されている。そして死んだ細胞は、老廃物として体内から排泄される。その繰り返しが続く限りにおいて、私たちは生きることができるのである。

こうしたカロリーやタンパク質を、毎日毎日摂り続けること、つまり食べ続けることが、生命を維持するための最低必要条件なのである。とくに必須アミノ酸は、その含有量が植物性食品よりも動物性食品の方が高い場合が多く、肉食は栄養学的にみても効率のよい食品となる。もちろん健康を保つためには、カロリーやタンパク質のみならず、さまざまな栄養素をバランスよく摂っていかねばならない。

こうした事情は植物も同じで、彼らは窒素やリン酸・カリウムを摂取して育ち、水と空気中の二酸化炭素から、光合成によって炭水化物を造る。そして動物が生きていくためには、植物が光合成を行う際に排出する酸素を吸収し、彼らが造る炭水化物を摂取する必要がある。やがて動物は窒素化合物を老廃物として体内から排出するが、今度はこれが植物たちの重要な肥料となる。モンゴルを研究する文化人類学者の小長谷有紀はよく、ヒツジは自動草刈り機で自動種播き機だという。つまり彼らは草原の植物を食べて育つとともに、その糞に含まれた種が大地に撒き散らされ、しかも窒素を含んだ糞に助けられて植物が力強く生長するからである。

植物が排出したものを動物が必要とし、動物が排出したものを植物が必要とする。その植物を動物が食べ、動物の遺体も植物の肥料となるという循環が繰り返されている。すべからく生命とは、食べ続けなければならない存在なのである。では私たちは何を食べているのか？　私たち人間が日常口にするものは、水と塩を除けば、すべてが有機物すなわち生命体由来のものにほかならない。植物も立派な生命であり、たとえ菜食主義者といえども生命を口にしなければ、私たちは生きていけないのである。

人間と食物

しかも人間は、原初、か弱いきわめて小さな存在であった。哺乳類のなかでも、身体的運動能力はきわめて劣り、腕力や走力でみれば、イヌやウマに及ばない。ただ脳の発達と二足歩行による両腕の利用によって、さまざまな道具を発明し、経験に裏打ちされた知識を駆使して、しだいに他の動物たちを圧倒するようになった。

人間が頭脳という器官をもてたことの意義はきわめて大きい。そしてその頭脳の発達には良質な栄養素を含む肉の摂取が不可欠であった。頭脳の重さは、人体のたった二パーセントにしかすぎないが、頭脳が活動するために必要なエネルギーは、全体総量の二〇パーセントにも及ぶ。これは脳の細胞密度が高いため多量のタンパク質が必要とされ、その活発な活動には膨大なカロリーが消費されることを意味する。もともと高いカロリーとタンパクを含む肉の摂取の成果が、頭脳の飛躍的な発達をもたらしたのである。そして、この頭脳を駆使しえたことで、しだいに人間は自然界において優位な位置を占めるようになった。

そもそも人間は、その初源において、植物や小動物の採取を行いながら、猛獣などが食べ残した腐肉をあさるスカベンジャーのような生活を、実に長い間続けてきた。やがて脳に蓄えられた知識と二本の腕を駆使しうるようになり、さらには言語という緻密な交信手段を産み出した。これらの積極的な利用によって、優れた武器や巧みな陥穽などを創り出し、計画的な集団行動によって狩猟を行い、自らよりもはるかに大きな動物を捕獲するようになった。その集団での生活では、言語による精神の共有が必要とされる。

しかし例えば狩猟や漁撈の対象となる獣や魚がみあたらなければ、その出現を皆で大自然に祈るよりほかなかった。厳しい大自然のなかで、人々は生活の安定を必死に希求した。天変地異や気象の激しい変化など、自然界にはさまざまな現象が起こるが、それが人間にプラスになることもマイナスに作用することもあった。それゆえ大自然の摂理そのものを神とみなし、それに安全や安定を本能的に祈る形で救いを求めてきたのである。

そうした祈りの目的は、まさに集団の生活の安定と幸福にあり、そのための最大必要条件は、食料の安定的な獲得にあった。食料の安定は、労働時間の短縮に繋がり、その余った時間を利用すれば、新たな技術の習得や道具の改良に振り向けることができる。そしてそれは、さらに豊富な食料を約束し、社会と文化の発展に大きな寄与をもたらす。いっぽう食料の不足は、人間を死に至らしめるほか、不幸を強いることは確実となる。事故や病気などの厄災による生活条件の悪化もまた、誰しもが遠ざけたいところのものであった。

儀礼の発生

人々の生活の安定と不幸の排除、この二つが祈りの最大の目的であり、これには相異なる二つの姿勢があった。すなわち積極的努力と消極的努力で、進んで行動を起こすか、慎んで結果を待つかである。前者は、次に述べるような祭祀となるが、後者は欲望や快楽を一定期間抑えることで、祈りを実現させようとする。いわゆる斎《いみ》で、物事を忌み慎むことによって、耐え忍んだ分の見返りを期待する方法である。

しかし集団での祈りは、単なる心のなかの願いや、形だけの口上ではなんとも心細い。そこで祈りの定式化が進むことになる。つまり祈りを形とするための方式が必要となる。祈りに実効力をもたせるために、人々は眼に見える形での祭祀、つまり儀礼というものを創り上げたのである。さらに祭祀の前に斎の期間を設けることで、つまり積極的態度と消極的態度を巧みに組み合わせることで、より効果を高めようとした。実際の祭祀の前に課される精進潔斎《しょうじんけっさい》が、まさしくこれにあたる。

こうして編み出された儀礼を目的別に分ければ、招福儀礼と除厄儀礼の二つとなる。すなわち福がもたらされ、不幸が追い払われれば、人々は安泰な生活が送れる。まず人々の生活に害が及ばないようにするための除厄儀礼からみていこう。

悪神や悪霊・魔物が人々の生命を脅やかすことはしばしば起こりうることであったし、火災や疫病などの厄難も極力避けなければならない。これらは集団での生活にマイナスが生じないように予《あらかじ》め祈るもので、除災儀礼もしくは攘災儀礼などとも呼ばれる。こうした除厄儀礼は、基本的には年頭など、区切りのよい時期に執り行われるが、災いはいつ訪れるかわからないことから、疫病の流行などといった突発的な事態に対しては臨時に催されることも少なくない。

いっぽう招福儀礼は、生活自体のよりよい豊かな安定を願うためのもので、これも至極当然の欲求といえよう。招福のうちでも、もっとも大切なのは食料の安定である。やがて社会的分業が発達すると、さまざまな欲望を実現できる貨幣が重視されるようになるが、まずは、人間が集団として生きていくために不可欠の条件は、食料の獲得であり、その安定にあった。

先の除厄も重要な儀礼の要素で、災害や病気などに見舞われれば、たちまち生活は破綻をきたす。それゆえ除厄を願って、悪鬼や悪霊あるいは魔物を近寄らせまいとしたのである。ちなみに日本の神々が恐ろしい形相をしているのは、強い神こそが悪鬼や悪霊を退けてくれると信じたからである。こうした除厄・招福の祈りを、儀礼という形に集約し、生活の安定をもたらしてくれる神に、願いと感謝を表すものとして祭礼が営まれるようになったのである。

やがて人類は、採集や狩猟・漁撈という相手待ちの食料獲得法から進めて、計画的に食料を増やす農耕という手段を編み出した。植物を積極的に管理生産する農耕こそ、もっとも安定的な食料獲得の手段であった。農耕は人間社会の発展に多大な貢献を果たしたが、しかしこれは気象状況に大きく左右されるものである。豊作の年もあれば、日照りや長雨で不作となる場合も少なくない。しかも、稔《みの》りを左右する気候の変化は、人間の与《あずか》り知らぬ神のなせる業としか思われなかった。もちろん狩猟採集段階でも、多く動物の出現や果樹などの豊かな実りを祈ったが、とくに農耕を始めてからは、気象の変化に最大の関心が注がれるようになった。

こうして農耕の開始後は、年間の気候サイクルに大きな関心が払われるようになり、これに関わる祭祀は、必然的に定期的なものとなる。とくに高度に文明を発達させた農耕社会では、これに関わる太陽と月の運行を調べて暦法を発明した。そして農耕の節目節目に、豊作のための祭祀を催し、やがては年中行事として整備されるようになる。

それが儀礼であり、人々は祭祀を通じて神に祈る以外に、集団の生活を安定させる術《すべ》をもたなかったのである。

儀礼と供物

　こうして創り出された祭祀すなわち儀礼においては、祈るべき対象に最大の敬意と感謝を示す必要があった。つまり単なる祈りだけでは、どのような成果が得られるか、不安に駆られることになる。招福や除厄の成果には、人間の眼に見えない部分が多く、わずかな福でもぎりぎりの安全でも、感謝の対象であることに変わりはなかった。集団としての生活を豊かにし護ってくれる神の恩恵に対して、それを儀式として眼に見える形にするなら、感謝の気持ちを精一杯示すための捧げ物つまり供物が必要となる。

　それは基本的に、価値が高ければ高いほど効力があると考えられた。価値の低い供物では、自らの気持ちを十全に伝えることにはならず、もっとも大切な物を捧げることで、神に喜んでもらおうとした。供物は基本的に食べ物で、恩恵をもたらしてくれる神々にとっても、人間と同様に食べることがもっとも重要だと考えてきた。少なくとも日本の場合では、神の来臨を実現させるためには、人々の生活と全く同じ条件が必要だと信じたのである。

　それは、まさに衣食住という生活の三要素であった。まず神の仮り住まいとなる依代《よりしろ》を用意する。これは降臨を願う場所に四本の柱を立て、それぞれを注連縄《しめなわ》で結べばよい。この結界の内部こそが神の降り立つところで、この依代に張られる注連縄には、御幣《ごへい》を括って飾るが、実はこれが神の衣装となる。

さらに神の依代の正面には机が据えられるが、そこに神の食べ物つまり神饌《しんせん》が用意される。そして神を招来する儀式を最大に盛り上がらせるために、さまざまな装飾と演出が凝らされ、歌舞音曲や演劇などの芸能が供される。

その工夫は、祭の主催者たちの創意によるもので、それこそが祭の特色となるため、彼らは競って壮麗な演出を試みたのである。ちなみに、こうした依代を恒常的なものとし、特定の神のために設けたのが神社で、ここが地上での神の仮りの住居となる。

こうした祭を催すこと自体が神への供物であると解釈することも可能であろうが、やはり祭の中心は食物献供にあり、祈りの成就に対する謝恩となる神饌の供奉《ぐぶ》こそが、祭祀においてもっとも重要な核をなす。神饌は、儀式開始直後の献饌《けんせん》から始まり、重要な式次第が済めば撤饌《てっせん》されるところとなる。実はこの間に、神が神饌を食したことになる。

そして儀式の終了後に、これを主催した集団の直会《なおらい》という共同飲食が行われる。そこで提供される飲食は、神に捧げた神饌そのもので、明治以降は食材をそのまま供える生饌《せいせん》が主流となったが、もともとは調理済みの料理を捧げる熟饌《じゅくせん》があった。

かつて神々は、それぞれの地域ごとの生産活動に応じて、人々から神饌を受け取っていた。農耕の産物のみならず、山の物・海の物も神々へ捧げており、それどころか本稿で明らかにするように、農耕のために動物を屠って、その肉を供していた場合も決して少なくなかった。

ところが神道を国家の宗教とした明治政府は、神道祭式を統一的に改め、生饌を中心とした神饌の体系を創り上げた。しかし狩猟神であった諏訪大社などの伝統的神社に対しては、これを改めるには至らず、特殊神饌として動物供犠的な部分をも容認しており［原田：二〇一三］、明治以前においては、神に肉を捧げる小さな神社はかなりの数にのぼったはずである。

いずれにせよ、神に供えた神饌を、直会で下ろしと称して全員で食べる祝宴が催されなければ、祭は完結したことにはならない。つまり儀式の間に神が食したのと同じものを、その直後に祭祀者一同が食べるところに祭祀の本義があり、ここで神人共食《しんじんきょうしょく》が完成することになる。

すなわち願い事の成就を祈る祭祀の場で、神と人が同じものを食べることによって、神と心を同じくし、神の恩恵が食べた人々にもたらされるという仕掛けである。こうして神と共食することによって、神と人との一体化が図られ、神からの加護を集団として受ける。そのために、祭祀という儀式を執り行ってきたのだということになる。こうした祭礼の場における食事は、単なる日々の糧《かて》とは異なり、最高のものでなければならなかったのである。

この神の食事すなわち供物のうち、もっとも高級なものとは、人間にとっても価値の高いものでなければならず、日常のものとは異なることが重要であった。例えば、その年初めてとれたものが初穂《はつほ》として珍重されたが、これには初めての獲物という意味で、もともとは最初に獲れた動物が捧げられたと考えられる。

動物の肉は、きわめて高い栄養素を含み、美味なタンパク質を豊富にもつところから、人間にとってもふだんとは異なるご馳走であり、かつ貴重な財産でもあった。東南アジア・東アジアの稲作地帯のみならず、世界史的にみても、神に動物を捧げるという事例は、きわめて一般的な事柄に属する。

ここで動物供犠の理論的考察を試みる余裕はないが、『旧約聖書』にみられる燔祭《はんさい》でヒツジを焼き殺して神に捧げるなど、動物の儀礼的殺害に関する事例は決して少なくない。イスラム教でも犠牲祭が行われ、その肉で盛大な共食が催される。もともとヘブライ語で祭壇は「犠牲の場所」を意味したといい、古代アラビアやローマでも祭壇の前に犠牲の肉や血が捧げられたことを想起すべきだろう。

また「犠牲」という漢語については、犠は色の純なるものを指し、牲は完全な形のものをいうとされており、ともに牛偏が用いられている点が重要である。つまり中国で最高の供物とされたウシのうちでも、純粋で完全なるものが求められた。儀礼においては供物こそが、必要不可欠な要素だったのであり、その価値は高ければ高いほど効力が期待された。つまり動物の貴重な生命が、多くの人間の生活の安定と安全のために捧げられるにふさわしかったのである。

野獣と家畜

人間と動物は、はじめは厳しい対抗関係にあり、先にも述べたように、かつてスカベンジャー的生活を営んでいた頃は、多くの野獣は人間の大敵で、彼らからいかに身を守るかが人間にとって最大の課題だった。しかし集団での本格的狩猟が行われるようになると、野獣は人間の格好の標的となった。シカやイノシシのほか、マンモスのような大型獣さえも、人々は貴重な食料としてきたのである。

やがて人間は、野生獣を家畜化して、特定の動物を飼い馴らすようになった。一万年以上も前に西南アジアあたりで、人間と利害の相反しないイヌの家畜化が始まったとされている。その後、本格的な食用家畜として、ヒツジやブタなどの飼育が始まり、続いて少なくとも八〇〇〇年ほど前にトルコのアナトリア地方でウシが、六〇〇〇年ほど前にウクライナ地方でウマが、それぞれ家畜化されたと考えられている。

最初の家畜であるイヌは、狩猟で補助的な役割を担ったり、番犬としての役目を果たしたりして、人間のおこぼれに与《あずか》っていたが、人間の食用とされることもあった。相手次第となる狩猟行動よりは、食用家畜の飼育は、より安定的な生活の営みをもたらし、とくに搾乳を可能とする家畜はもっとも有益な動物となった。なかでもウシは、大量の肉や乳をもたらすのみならず、農耕や土木工事などに畜力が利用できる点でも有意義であり、ウマは交通手段としても重用されたほか、やがては軍事に最大の貢献を果たした。

ちなみに現在ではイヌと並ぶ愛玩的存在であるネコは、農耕の開始後に、穀類を食い荒らすネズミなど齧歯《げっし》類の駆逐獣として、すでに四〇〇〇年前頃にはエジプトで飼われていたことが知られている。また卵を多産するニワトリは、中国南部からラオス北部付近を原産とするもので、約五〇〇〇年前に赤色野鶏の家禽化が行われ、そこから急速に東西へと広まっていったとされている。こうして人間は、実にさまざまな動物を飼い馴らし、有効利用してきたが、日本における家畜の歴史は比較的新しい。

日本の家畜としては、イヌがもっとも古く縄文時代に渡来し、弥生時代になってブタとニワトリが伝わったにすぎない。なお、従来の研究者からは、イノシシとみなされてきた骨が、近年ではブタのものと同定されるようになった。またネコに至っては九世紀頃の到来とされている。むしろ日本人が、もっとも親しく付き合ってきた動物は、先にも述べたイノシシとシカあるいはカモシカといった野獣で、とくにイノシシは多産であったことから、縄文時代のシンボル的動物であった。もちろん、これらの最大の用途は食用で、獣皮や獣骨も利用された。

もっとも有用な家畜であるウシとウマについては、かつては縄文時代にもいたとする説もあったが、確実な考古資料からは、双方とも古墳時代以降に、朝鮮半島経由でもたらされたと考えられている。まずウマが四世紀の末頃に入り、五世紀後半頃からウシが飼われはじめるようになった。これについては、改めて論ずることとするが、日本では、おそらく軍事的要請から、ウマの利用が注目され、その後にウシが移入されたという特色がある。

そもそも日本では、縄文から古墳時代までは、土偶や埴輪などの形象に動物が用いられてきた。しかしある時代から、それが遠ざけられ、農作物が重視されて植物に親近感を抱くようになった。それゆえ伝統的に動物紋様が普及せず、植物紋様が主体で、せいぜい花鳥風月の一つである鳥が絵画などのテーマとなるにすぎない。このことは、日本人の生活にとって、植物は身近な存在であったが、動物とは距離をおき、龍や麒麟など想像上の特殊なものを除けば、四足獣を美の対象として見つめることはほとんどなかったことを意味している。

こうした事例からも明らかなように、日本では動物認識に関する区分意識が希薄であった。それゆえ動物全体を畜生と括って、野獣と家畜を同一視してきた。そして動物供犠の問題を考える際にも、四足獣という観点だけで、研究者たちもほとんど野獣と家畜の区別をせぬままに論じてきた。しかし両者の区分はきわめて重要であり、そうした視点なしに、日本の動物供犠の問題を論ずることはできない。

第一章　沖縄の動物供犠から

日本のなかでも、肉食の伝統が強い沖縄では、動物を用いた祭祀が現在でも一部で行われている。そこで日本における沖縄の位置を確認しながら、沖縄でどのような動物供犠が行われているのか、を南条市志喜屋《しきや》に残るハマエーグトゥの事例で具体的にみていくこととする。さらに同様の動物供犠が、比較的稲作が盛んであった本島北部地域や八重山諸島などにも残ることの意味を考えてみたい。

第一節　沖縄と日本

沖縄の位置

沖縄は、もともと日本という国家の一部ではなかった。沖縄では、一〇〜一一世紀に農耕が始まり、一二〜一三世紀に一般化して、いわゆるグスク時代に入った。農耕を基盤とする按司《あじ》たちが、グスクと呼ばれる軍事的拠点を中心として、各地を支配していた。やがて一四世紀には、北山《ほくざん》・中山《ちゆうざん》・南山《なんざん》という三つの国が分立していたが、一五世紀に入ると、これらを統一して琉球王国が生まれた。

すでに三山時代から、中山を先頭に中国に入貢しており、琉球王国は中国からの冊封を受けて、君臣関係を結んでいた。ところが江戸幕府成立直後の一六〇九（慶長一四）年、薩摩藩は琉球を征服して、中国との冊封と王朝体制を温存しつつも、人事承認権や貢租収取権などを握った。こうして沖縄は、〝半分〟だけ日本となった。ちなみに一六〇〇（慶長五）年には、北海道にも松前藩が設置され、海岸線にいくつかの支配拠点を築き、ここも〝半分〟だけ日本となった。それぞれ〝半分〟の意味合いは異なるが、ともに完全な形で日本が支配していたわけではなかった。

その後、明治国家が成立すると、一八七九（明治一二）年に琉球処分という形で、中国との関係が断ち切られ、日本に組み込まれて沖縄県が成立をみた。なお北海道も、一八六九（明治二）年に開拓使が置かれて、全面的に日本の支配を受けるところとなった。こうして北の蝦夷地の様相は一変し、南の琉球王国は消滅したが、沖縄では旧士族たちの抵抗も強く、その編入は容易ではなかった。このため旧慣温存政策が採られ、琉球王国時代のさまざまな慣行の急速な否定が一時的に回避されたという特色がある。

ただ、こうまとめてしまうと、もともと沖縄は日本とは無関係であったようにみえる。しかし柳田国男や折口信夫は、沖縄にこそ日本の祖型があると考えた。柳田は、最晩年の著作『海上の道』で、沖縄を稲作伝来の地とみなし、そこに日本文化のルーツがあると推測した［柳田：一九六一］。また折口は、沖縄を古代文化研究の宝庫として、巫女《ふじょ》や祖先信仰などのさまざまな民俗に、共通なものを見いだし、古い日本文化の根源が認められるとした。

しかし柳田の説は、一九七〇年代以降における全国的な考古学の発掘調査の成果によって否定された。すなわち水田稲作は、朝鮮半島経由で北九州付近に伝わり、それが南九州さらには沖縄へ及んだことが証明されたのである。もちろん柳田の説を、水田稲作ではなく焼畑などによる稲作とみなせば、まだよみがえる可能性も残されている。さらに最近では佐々木高明が、柳田とは全く異なるアプローチから、オーストロネシアを視野におさめた上で、南からの日本文化の道を想定している［佐々木高明：二〇〇三］。

沖縄に残る肉食文化

ただ私には、沖縄に日本の祖型が求められるという議論は、現象面からのアプローチにすぎず、両者の歴史性を無視したものとしか思われない。もちろん沖縄と日本には共通する点が多く、和人と琉球人が形質的に類似するほか、琉球語は日本語の一方言でもあるし、双方が根底で繋がっていることは否定できない。しかし、おそらく沖縄に日本文化の祖型が残るようにみえるのは、統一国家の成立が遅いことから、社会的な一元化の進行が徹底せず、かつ明治国家の旧慣温存政策などにより、近代化の過程で旧来の風習を一気に変革することがなかったためと思われる。現在の考古学的な成果からすれば、沖縄社会の歴史は、比較的新しいもので、その展開には日本からの影響が強かったことが指摘されている。

このことのもつ意味は大きいが、ただ日本では国家的政策によって、古代以来、米への集中が著しかったという事実を押さえておく必要がある。「はじめに」でも述べたように、日本における強烈な米志向は、その生産のために肉を徹底的に否定するという選択を強いたが、その

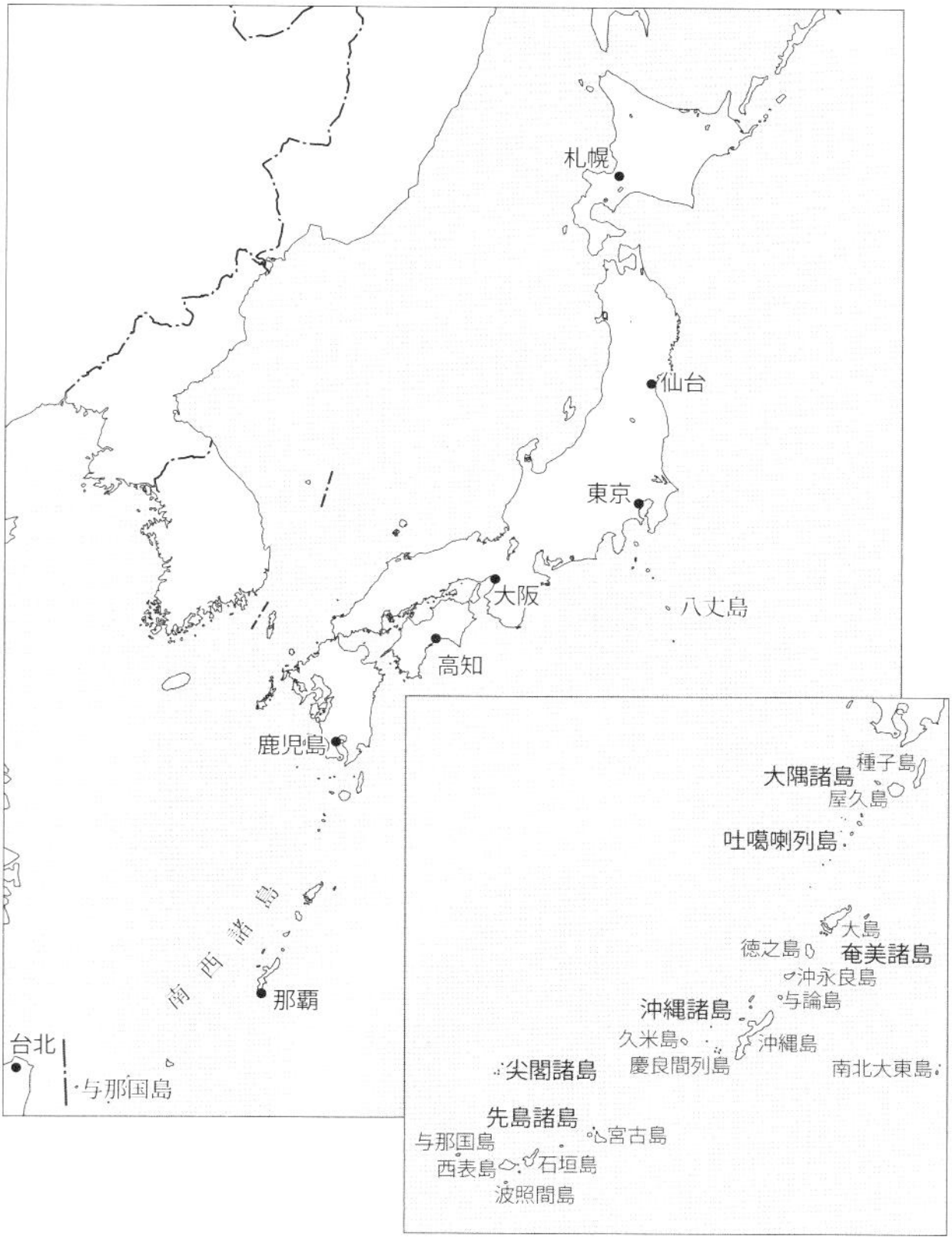

北海道と沖縄を含む日本列島図

枠外にあった北海道と沖縄には、肉食文化の伝統が根付いている。ちなみに前近代の日本で、豊かな肉食の文化を保持し続けてきたのは、北海道と沖縄、それに山の民と被差別部落の人々であった。

それゆえ沖縄には、日本に較べて動物供犠の儀礼が払拭されずに残ったと考えられる。もちろん薩摩の侵略以後は、沖縄の地にも石高制が敷かれて、米への志向性が高まった。尚貞《しょうてい》王二九（一六九七）年、琉球王府の布達として出された『法式《ほうしき》』には、婚礼などの際に、ブタを用いることについては容認したが、農耕に役立つウシを殺すことを禁じた一条がある。そしてとくに近世以降においては、沖縄の日本化が進行した部分もあり、日本との共通点も認められる。そうした複雑な事情を踏まえつつ、沖縄においてどのような動物供犠が行われていたかをみておくことは、日本の動物供犠を考える上で重要な意味をもつものと思われる。まさに日本における動物供犠の初源を読み取る有効な素材となろう。

第二節　南島のシマクサラシ

除厄儀礼としてのシマクサラシ

沖縄には、大きく分けて二つの動物供犠がある。それは招福儀礼としてのハマエーグトゥと除厄儀礼としてのシマクサラシである。ハマエーグトゥの事例よりも、シマクサラシの方が、今日においても広く残っている。なおシマクサラシを供犠とみなすか、単なる儀礼と考えるか、については慎重な議論が必要であるが、ここでは動物供犠という立場から論を進めることとしたい。

シマクサラシについては、すでに文化人類学者の山下欣一によって、ウシやブタ・ヤギを屠《ほふ》って、その肉や骨などを村の境界にかざし、悪鬼や邪気が入ってこないようにする儀礼であることが指摘されている［山下：一九六九・八二］。これは日本でいう「道切り」、つまり村境や入口に注連縄《しめなわ》を張って、村落への疫病などの侵入を防ぐ魔除けの儀礼に酷似する。しかし日本の場合には、動物の供犠を伴う事例は皆無であり、これに対してシマクサラシにおいては、肉などの動物遺体を掲げる点に特徴がある。ただ九州の民俗学者・小野重朗は、日本各地で行われていたコトやトキという民俗行事も除厄儀礼の一種で、かつてはウシやブタの肉であったものが、米の餅へと変化したという仮説を述べている［小野：一九七〇］。

これはきわめて魅力的な見解で、米への志向が著しく高まる以前においては、日本にもシマクサラシと同様の動物供犠があった可能性を示唆している。これについては残念ながら、具体的に検証することが難しいだろう。しかし一言しておけば、シマクサラシに類似する儀礼は、ラオスや朝鮮半島にもみられることから、日本の「道切り」においても、かつては肉などが用いられたと考えることも全く不可能ではあるまい。

そこで沖縄におけるシマクサラシの具体相をみていこう。二〇〇九年六月一〇日の『沖縄タイムス』は、「シマフサラシで無病息災を願う」という見出しで、縄にウマの生血をしみこませて、これを集落の南北の入口と大通りに張って、外からの疫病や害虫の侵入を防ぐ祈願が、同九日に石垣市白保で行われたことを報じている。

白保の場合は、一時途絶えていたものを八年前に復活したといい、ウマが用いられている点が珍しいが、シマクサラシという動物供犠の伝統が、まさに今日までもしっかりと受け継がれていることがわかる。この儀礼に関しては、その後も研究が進んだが、とくに沖縄の若い民俗研究者・宮平盛晃によって体系的な悉皆《しっかい》調査が行われ、その全容が解明されつつある［宮平：二〇一二］。そこで氏の研究によりながら、シマクサラシの概要を述べておきたい。

シマクサラシは、シマフサラシ・シマクサラー・シマクー・カンカー・ハンカ・フーチゲーシなどとも呼ばれる集落ごとの除厄儀礼で、沖縄本島をはじめ琉球諸島に広く分布する。二〇〇二～一〇年の調査で、三九市町村五二二集落で、文献もしくは聞き取りによって、儀礼の存在が確認されている。

　これは沖縄全集落の四分の一強にあたるもので、途絶してしまった事例も少なくないが、簡素化が進行しつつも、かなりの集落で行われていることがわかる。近代になって八丈島からの植民が始まった南北大東島を除けば、沖縄の全市町村で行われており、古くからの重要な伝統儀礼であったことを意味する。

　その時期には、定期的なものと不定期なものとがある。定期的なものは、地域によって偏差があり、沖縄本島北部では一二月が多く、中南部では二月もしくは八月に集中するが、その他すべての月で儀礼がみられる。だいたいは年一回であるが、二〜四回行うという事例もある。不定期なものは事例が少ないが、風邪や天然痘などの流行病が起きた際に、儀礼が催される。

シマクサラシの儀礼要素

　シマクサラシの儀礼は、大きく分けて次の四つの要素からなる。①動物の屠殺、②集落の入口での骨肉もしくは血を用いた除厄、③骨肉の共食、④祭祀者の祈願、という部分が、多くの祭祀に共通する。もちろん現在では、これらのすべてを行っている集落は少なく、とくに屠殺については法的な規制があり、今日では、ほとんどが業者から購入したものを用いている。

　これらの要素のうち①の動物の屠殺は、動物供犠であることを意味し、その生命を捧げるところに重要な意義があると考えられる。事例四九八例のうち、屠殺を伴っていたものは、三九五例で全体の八割弱に及ぶ。シマクサラシに用いられる動物は、ブタ二七九例、ウシ一三二例、ヤギ二五例、ニワトリ一〇例、ウマ三例で、ブタが圧倒的に多い。これはウシが貴重であったのに対し、どの集落でもブタが飼われていたからであろうが、原型はウシであった可能性が高い。地域によって偏差があり、沖縄本島北部ではブタが多いが、南部に行くにつれウシが多くなる。また先島のうちでも、宮古諸島ではブタであるが、八重山諸島ではウシが多く、先の白保のようにウマという事例も確認されている。貴重なウシも用いられるが、これは③の共食に供されることで、村民に還元されるシステムとなっている。

次に②の除厄儀礼も興味深く、屠った動物の骨肉片を左縄《ひだりなわ》（左縒《よ》りの縄）に挟んで、集落の入口に頭上三〜五メートルの高さに、道を遮るように張り渡す。ちなみに左縄とするのは、中国思想の影響で、右よりも左が重要とされるためである。この場合、石垣市白保のように、生血を縄などに塗りつける事例も少なくない。また集落単位ではなく、屋敷でも同様の儀礼が行われるが、この場合は、ウシの血をつけた木の枝葉を、家の門や軒下あるいは屋敷の四隅に置く。

一般に、シマクサラシを「島腐らし」と解し、肉や血が腐敗するので、悪霊が近づかないという説明がなされるが、悪霊に骨肉や血を供することで帰ってもらうという解釈も成り立ち、

シマクサラシ。左縄に骨肉片を挟んで道に張る（宮平盛晃氏提供）

う。「クサラシ」に語義を求めることは難しかろう。

この儀礼の目的は、基本的に除厄と考えられるが、豊作儀礼を兼ねる事例もあり、ほかにも子供の健康や人口増加祈願、あるいは海難者の供養や豊漁および航海の安全を祈る場合もある。しかしこれらは、いずれも派生的な目的とすべきで、シマクサラシは集落内の安穏を願う除厄儀礼であり、ハマエーグトゥのような招福儀礼とは異なる。

だいたいの動物供犠がそうであるように、シマクサラシにおいても、祈願後には捧げられた動物の肉や血の共食が行われる。③の共食が行われる場所は、村の広場か集会場で、料理が用意される。これを村人が食べるが、肉食の地とはいえ、肉を口にできる日は稀で、この日はご馳走を楽しむ祭でもあった。肉は、共食されるほか、各戸へ分配される場合もある。肉を食べる理由は、疫病などにかからないためで、悪霊や邪気を追い返した肉には効能があったものと思われる。

さらに④の祭祀者の祈願については、基本的に集落の公的な地位にある神役がこれにあたるが、他の年中行事の場合とは異なり、シマクサラシには神役が儀礼に参加しない点が注目される。やや例外的なシマクサラシの祈願は、集落の入口や聖地あるいは旧家などで行われるが、除厄儀礼としては、こうした安穏の祈願は不可欠の要素といえよう。

シマクサラシは、現在までも継承されている点からみて、村落生活に不可欠の重要な儀礼であったことが理解される。しかし『琉球国由来記』などの公的な記録や文書類には、ほとんど登場しない。法令として残る場合にはむしろ、これを好ましくないものとして禁止する傾向がみられる。

あるいはシマクサラシに公的な神役が参加しないのも、そうした事情によるものかもしれない。いずれにしても、これらの文字史料は、薩摩すなわち日本による米志向が強要された琉球王府体制側のものであり、動物を屠って肉食を行う儀礼は、望ましくないと考えられていたことが窺われる。

第三節　志喜屋のハマエーグトゥ

大屋門中のハマエーグトゥ

沖縄全島に広範囲に分布するシマクサラシと異なり、招福儀礼としてのハマエーグトゥは、知念半島に位置する南城市志喜屋《しきや》の一例しか存在しない。しかし名護市の一部には、ウシヤキと称する動物供犠のほか、沖縄でいくつか同様の事例を確認することができる。志喜屋のハマエーグトゥ（浜の祝い事の意）については、すでに詳論を試みたが［原田：二〇一二a］、ここでは要点のみを具体的に示しておくこととしよう。

これについても、一九九〇年に『沖縄タイムス』が特集した「沖縄の祭り」第五六回（四月一六日）に、「ハマエーグトゥ・龍宮の神に豊漁祈願」と題した記事が掲載されている。これによれば、「ハマウガン」「リューグー祭り」とも呼ばれ、「航海安全、豊漁祈願、あわせてムラの繁栄を祈願する」ものという解説が、沖縄県立博物館専門員の大城学によって加えられている［大城：一九九一］。

まず二〇〇五年から〇七年にかけて、筆者が実見したハマエーグトゥの次第を記しておきたい。これは現在、志喜屋全体の行事となっているが、本来は大屋（ウフヤー）門中《もんちゅう》の儀礼で、その宗家にあたる親川《おやかわ》本家（エーガー）のほか、主要な分家筋の大前（ウフメー）・前（メー）・大屋の計四家（ムートゥヤー）が中心となって催される。ハマエーグトゥは、旧暦二月一〇日から一五日までの吉日を選んで行われる。

この儀式を司祭するのは五人の神人《カミンチュ》で、本家の息子が、その中心をなす根人《ニィーチュ》となる。それ以外の神人には、本家の娘や分家の娘など血縁の女性がなる。いずれも沖縄に特有のオナリ神的な存在が、これを務める。すなわち兄のエケリを妹のオナリが守護するという関係に基づくもので、この系譜はすべて男系の娘が継承し、女系に引き継がれることはない。

儀礼そのものについては、その当日の早朝に、ウシ一頭を四家に順番に連れて行き、それぞれの庭の入口に立つ屏風《ヒンプン》を左に七回引き回す。その上で、ウシを浜に連れて行き、海すなわちニライカナイの方向を拝ませた後に屠殺した。しかし現在では、民間におけるウシの屠殺は難しく、数日前に食肉センターで解体され、検査を受けた上で、儀礼の場に運ばれる。

しかも、この供犠においては、左足が重要な捧げ物となるところから、その使用にあたっては、特別に県に申請して許可を受ける形が採られている。ウシの屠殺そのものは外部化されているが、親川本家の努力によって、儀礼自体は丁寧に継承されている。

ハマエーグトゥの次第

『沖縄タイムス』の取材時点では、まだ当日に屠殺が行われており、ウシの解体が終わると、浜に鍋が用意され、肉を用いて料理が始まる。この時にはウシの血が一杯一〇〇円で主婦たちに販売されていたという。現在では、食肉センターから運ばれた肉を、村人たちが切り分けて、これを希望者に頒布する。なおウシの血も儀礼の料理には用いられるが、今は販売されていない。祭の運営システムとしては、肉の販売代金で供犠用のウシを購《あがな》っているが、その肉や血を用いて、家々で料理されるところから、祭祀に参加できなかった人々も儀礼の共食にあずかれることになる。

やがて午後三時になると、親川本家の根屋でオガミが行われ、一三カ所の拝所回りが始まる。神人たちは、それぞれ酒（泡盛）と米と盃の入った併子《ビンシー》をもち、拝所で焼香台に酒をかけ生米を供えて拝む。四家の祭壇から始まり、もとは聖なる御嶽《ウタキ》であり、クバ（蒲葵《びろう》）の木の下の神・火の神・入口の神のある殿《トゥン》と、かつて門中が管理した山や憩いの場であった小高い丘などの拝所を回る。

その他の六つの拝所は、すべて川か湧泉で、正月に若水を汲んだり、産湯用や女性の湯浴み用あるいは神酒《ウンサク》用などの水の供給源となっている。このうちもっとも興味深いのは、最後の拝所となるシードガーで、ここは集落南部の低地に広がる水田部の水源となっている。

このほか、これらの湧泉のうちには、小規模な谷田の水源となっているものも少なくない。

ちなみにシードガーは、集落の中心となる根田《ニイーダ》や、神に稲穂花を捧げる三穂田《ミフーダ》の水源となっており、一帯に良質な水田が広がる。シードガー付近の水田は、親川本家の所有で、かつては天皇家に米を納める献穀田《けんこくでん》にも指定されたという。このことの意味については、後に触れたい。

こうして拝所回りの御願が終わると、浜に集まる。浜には小型の漁船サバニ三艘が舳先《へさき》を海に向けて並べられており、そこに板を敷いて祭壇が作られ、米や飯あるいはウシ肉の料理や血イリチー汁のほか、丸団子・刺身など九種類九皿《ククヌチカザイ》の料理が供される。この時、サバニの舳先に、屠殺したウシの左前足が、蹄《ひづめ》を村の方へ向けた形で、ヤブニッケイの枝葉とともに捧げられる。神人たちは、サバニを前に海に向かって座り、天使紙《テンジカビ》と呼ばれる御幣を三本立てて祈願を行う。

彼らは、祈願が済むと、サバニから撤饌《てつせん》して、その場で神酒を飲んでから膳を食べる。これらの儀式が終わると、浜に張ったテントで、供物のウシで作った中身汁・血汁とご飯で、全員の共食となる。そして最後には、サバニの祭壇に捧げた肉を、親川本家をはじめとする四家で分け、本家の根屋で共食を行う。これを後御願《アトウガン》というが、現在ではかなり簡略化されている。

以上が、南城市の志喜屋で、毎年旧暦の二月一〇日から一五日までの間に行われるハマエーグトゥであるが、シマクサラシのように集落規模で行われるというよりも、大屋門中が主体に

ハマエーグトゥ。サバニの舳先におかれたウシの左前足（著者撮影）

なって催される門中行事である点が注目される。しかも除厄儀礼的な要素は少なく、いかにも招福儀礼を思わせる内容の動物供犠となっている。先の『沖縄タイムス』では、豊漁祈願を全面に出しているが、実際には、これを主催している親川家の方《かた》も、何のためにやっているのかよくわからないが、大切な儀礼なので続けていると話している。

これに関しては儀礼の目的から考えていく必要があるが、これを豊漁祈願とするのはあたらない。これは供犠の場所が浜であり、かつサバニに祭壇を設けて、ニライカナイを拝むことからの連想と思われる。しかし祭祀を主催する大屋門中の家々には、海人《ウミンチュ》すなわち漁業を営む人はなく、彼らは農業に従事する人々だからである。

しかも先にも触れたように、ハマエーグトゥの拝所には湧泉が多く、とくに低地部の重要な水田の湧水口での最後のシードガーの御願は、かなり丁寧なものとなっている。また拝所の供物に米が用いられていることなどもあわせ考えるならば、むしろ水田稲作との関連を想起すべきだろう。そこでハマエーグトゥの性格を、水田稲作という観点から検討してみたい。

沖縄の水田と志喜屋

まず沖縄における水田稲作の特質を検討した上で、ハマエーグトゥが唯一伝承されている志喜屋という村の性格について考えてみよう。すでに本章第一節で述べたように、おそらく沖縄の農耕は、日本列島からもたらされたもので、現在における発掘の成果によれば、稲・麦・粟などの栽培が行われるようになったのは一〇～一一世紀頃のことで、その展開が一二～一三世紀にみられ、いわゆるグスク時代に入ることになる。

しかし沖縄のような島嶼部地形の弱点として、大きな河川が存在しにくいことから水に恵まれず、とくに隆起珊瑚礁を主体とする低島ではこの点が厳しく、雨水と地下水の利用が一般的であるから、水田の造成が難しい。柳田が『海上の道』で展開した有名な議論は、貨幣として高い価値をもつ宝貝を求めて、中国から宮古島にやって来た人々が、稲作を伝えたとするものであるが［柳田：一九六一］、これは同島が低島であるという地形的現実を無視し、かつ時間軸を見据えない議論であった。なお山地と河川を有する高島の場合でも、海岸線が近い低地部では海水が入り込むことが多く、これまた水田には不向きな条件となっている。

それゆえグスク時代における農耕は、稲作ではなく畑作を主体としたものと思われるが、宜《ぎ》野座《のざ》村《そん》漢那《かんな》福地《ふくち》川《がわ》遺跡では、すでに一二世紀以降に水田の開発が行われていたことが判明している。しかし、一六一一（慶長一六）年の薩摩藩による検地では、水田二六六二町歩・畑地六一二八町歩で、水田率は全体のほぼ三〇パーセントにすぎず、その後、近世を通じて耕地面積は増加し、明治一七（一八八四）年の県庁調査では、三倍以上にも拡大するが、逆に水田率は二二・八パーセントに低下する［原田：一九九三］。

このことは先にも述べたように、沖縄には水田適地が少なかったことを意味する。むしろ本島では、水田は山地の多い北部の国頭《くにがみ》地方に広がる。国頭村の奥間《おくま》ターブックヮ（田袋＝広い田の意味）や名護市の羽地《はねじ》ターブックヮが、古くから水田の多いところとして知られていた。ただ神話的には、沖縄における水田稲作発祥の地は、北部ではなく南部で、この志喜屋を含む知念一帯とされている。

琉球王国最初の正史である『中山世鑑《ちゅうざんせいかん》』では、琉球神話の開闢《かいびゃく》神であるアマミキョが、初めて麦・粟・菽《まめ》・黍《きび》などの五穀を久高島に伝えたとし、稲を知念大川と大城の受水《ウキンジュ》・走水《ハインジュ》に植えたとしている。それゆえ久高島は聖なる島とされるほか、そこにもっとも近い国王の遥拝所である斎場御嶽《セイファーウタキ》は、沖縄最高の聖地とされ、国王のオナリ神にあたる聞声大君《きこえのおおきみ》の交替儀式である御新下《おあらお》りもここで催される。

これらが集中する知念周辺は、琉球王権ともっとも深い関連を有する地で、志喜屋も聞声大君の重要な所領の一つとされていた。それゆえ、この一帯も知念ターブックヮと呼ばれたという、奥間・羽地ほどではないが、水田も広がっている。いずれにしても志喜屋は、水田稲作と深い関係にあった村であることに注目しておきたい。

第四節　ハマエーグトゥの意義

ハマエーグトゥと浜下り

おそらくハマエーグトゥが、浜という場所で行われるのは、その海の西方にある龍宮を拝むためで、これは沖縄における伝説の理想郷であるニライカナイそのものへの御願と考えるべきだろう。この起源に関わる伝承のうちに、きわめて興味深い物語がある。それは志喜屋に遊びに来ていた龍宮の神が、あまりに咽が渇いていたので、シードガーで水を飲んだことが縁となって、ハマエーグトゥが始まったというものである。

豊饒をもたらすはずの農耕神つまりは龍宮の神を、ニライカナイに置き換えてみれば、シードガーの水は、稲作に不可欠な用水の象徴という位置をもちうることになる。『琉球国旧記』『琉球国由来記』によれば、もともとニライカナイは、アマミキョが稲穂を伝えてくれた世界で、日本で言えば高天原にあたるが、それが水平思考の神であった点が異なる。

基本的にニライカナイは、豊饒の神でもあるから、これは除厄儀礼ではありえず、招福儀礼としての性格を有するものであることに疑いはない。それは農耕に限らず漁業なども含めて、さまざまな幸《さち》や恵みをもたらすが、水田のための水源を重要な祭祀場所としていることから、なかでも稲作に深く関与するものとみなされたと考えるべきで、浜におけるウシの屠殺と供犠は、その捧げ物とみなしてよいだろう。

また神人は、現在は男だけとなっているが、かつては女性であった。すでに沖縄の稲作儀礼の特徴としては、女性司祭者が主要な役目に関わったことが指摘されている［伊藤：一九七四］。逆に除厄を目的とするシマクサラシには、女性を司祭者としないことから、ハマエーグトゥは明らかに招福を意識したもので、沖縄における稲作儀礼の特徴とあわせ考えれば、これが稲の豊穣を目的とした動物供犠であった可能性が高まる。

さらにハマエーグトゥ儀礼で巡る一三カ所の拝所は、大屋門中の四家を除けば、現在、志喜屋で行われている五月と六月のウマチ、すなわち稲の初穂祭と稲の大祭における拝所と、巡る順序も含めて一致する。このことも、ハマエーグトゥが農耕に関わる儀礼であることを強く物語るものと考えられる。

また浜という場所に注目すれば、人々や御神体・御輿などが浜に出て、海水などを浴びる浜《はま》下《お》りという行事が、日本全国にあり、南島のみならず東北から九州の太平洋岸に広く分布する。なかでも宮城県・福島県・茨城県の太平洋岸の村々では、旧暦四月八日を中心に浜下りが行われるが、浜に下りる神々は作物神系のものが多く、農耕儀礼としての要素が強いことが指摘されている［岩崎：一九六三］。

いっぽう奄美・沖縄では、海で亡くなった霊を慰めるために浜で龍宮に祈る浜御願という祈願祭などが広く行われている。これについては徳之島徳和瀬の浜下り儀礼に注目してみたい。徳之島の民俗に詳しい松山光秀によれば、もともと浜下りの儀礼は、ここでは漁業を中心としたものであったが、やがて農耕のうちでも畑作に比重がおかれ、最終的には水田稲作のためのものへと変化し、水稲の収穫儀礼を意味するようになったとしている［松山：二〇〇四］。

この松山の説は、完全に実証したものとはいいがたいが、一族の祖霊との関係についても指摘しており、浜下りの本質を考える上で示唆に富む。また徳之島の浜下りについては、民俗学者の北見俊夫が調査を行っており、これは旧暦七月の盆過ぎに催されるもので、先祖祭の性格が強いが、新米を捧げた収穫感謝と豊作祈願の要素も大きいと指摘している［北見：一九五五］。

さらに伊波普猷《いはふゆう》は「沖縄考」において、康熙四二（一七〇三）年以前に成立した『久米仲里旧記』にみえる「作物のため浜下れ之時」の呪詞《じゅし》を紹介している［伊波：一九四二］。そのうち久米島仲里間切《なかざとまぎり》に伝わる祝詞九例（『南島歌謡大成　第一巻』所収）は、すべて浜下りに関するオタカベ（お崇べ）のもので、稲を賛美して害虫を駆除することを祈願しており、浜下りが稲作神事であったことが窺われる。

こうしてみると浜下りには、さまざまな神事要素が伴っているものの、祖霊信仰と農耕儀礼という目的が重要な位置を占めていたと考えられる。すなわちハマエーグトゥも、大屋による門中祭祀つまり祖霊信仰を核として、彼らの招福を期待して、稲の豊作を祈るための動物供犠であったと結論することができる。

ハマエーグトゥと踏耕

最後に、ハマエーグトゥにおけるもっとも重要な御初《ウハチ》として、ウシの左前足が捧げられたことの意味について考えておきたい。しかも、その前足には蹄《ひづめ》が付いている点が重要である。そして、それがサバニの祭壇に供される際には、蹄が海ではなく村に向いている点が注目される。すなわちニライカナイ側から、ウシの足が差し出された形となる。これはウシの足を利用した牛耕を意識し、その力を讃えるものと思われる。

牛耕に関する文献史料としては、一八世紀初頭に成立した『琉球国由来記』に「牛耕」がみえ、この段階で用いている牛犂《うしすき》は、中国との交流によって、ようやく用いるようになったとしている点に留意すべきで、比較的新しいものとしなければならない。

むしろウシを利用して行うもののうちで重要なのは、犂耕《すきこう》よりも踏耕《ふみこう》で、『李朝実録』成宗一〇年（文明一一・一四七九年）条に、朝鮮からの漂流民・金非衣の稲作についての観察として、水田よりも陸田が多いことや、冬作で五月には収穫することを述べた上で、「ウシを用いて踏み播種《はしゅ》す」と記されており、古くから踏耕が行われていたことがわかる。

犂耕に対する踏耕とは、一般にホイトウとも呼ばれるもので、ウシに水田を踏ませて耕起する。これは、水が抜けないように敷床《しきどこ》を固めるほか、粘土質の土壌をもみほぐすとともに、雑草の繁茂を防ぐ効果があり、沖縄のような石灰岩地方には有効な耕起法である。冬作を行ういわゆるオーストロネシア型稲作に、特色的にみられるもので、島嶼部の東南アジアに広く分布し、日本でも南西諸島から南九州の一部にまで及ぶ［佐々木高明：二〇〇三］。

これに関して考古学者の安里《あさと》進は、出土遺物や文献の詳細な検討から、グスク時代におけるウシの骨の遺物を水田稲作と結びつけ、ウシによる踏耕の存在を指摘している［安里：一九九八］。さらに西表《いりおもて》島での舟漕ぎ競争の唱えに、「この牛の踏んだり切ったりする田の中に、一番米を一本植えれば一万本、二本植えれば二万本、三本植えれば計算ができない」とあるなど、踏耕の高い効果が民俗学的にも確認されている［伊藤：一九七四］。

しかも先に紹介した奄美徳之島の浜下りでは、お盆後の「田ワク始め」の儀式でウシの踏耕が行われ、苗代田《なわしろだ》にウシを引き入れて、稲株を踏み込ませるという［松山：二〇〇四］。また沖縄国頭村の安田《あだ》では、旧暦七月一二日に豊作を祈願するシヌグ祭では、「足高《あしだか》〈牛〉も踏み降ろして　角高《つのだか》〈牛〉も踏み降ろして」白土や赤土をこねると歌われており［島村：二〇〇〇］、踏耕が南西諸島の水田稲作に重要な役割を果たしていたことがわかる。

まさにハマエーグトゥでは、こうした踏耕の象徴としてウシの左前足が、ニライカナイに捧げられたのであろう。志喜屋のハマエーグトゥは、基本的には大屋門中の繁栄を目的として、ニライカナイへの祈願を行うものであった。そのために水田稲作用の水源を祀り、強い畜力をもち最高のご馳走である高価なウシを浜で供犠するハマエーグトゥには、動物供犠による稲作儀礼的要素が強く認められることとなる。

ハマエーグトゥと陰陽五行説

現在、志喜屋で行われているハマエーグトゥは、中国の陰陽五行説によって、儀礼がみごとに整えられていることが、国文学者の前城直子によって解明されている［前城：二〇一二］。これは、ハマエーグトゥの源流と成立に大きく関わる問題ともなるので、以下、基本的には前城の検証に従いつつも、若干の私見も交えて解説を加えておきたい。

もともと暦法を創案した中国では、季節に応じてさまざまな儀礼が成立をみたが、なかでも一年の冒頭に立春儀礼があり、これは新たなる年の始まりであるから、そのまま農耕儀礼へと直結する。そして、陰陽五行説では、最後の一二月は丑にあたるため、その再生つまり殺牛という供犠が循環作用を促進させることとなり、理論的に豊穣をもたらすところとなる。しかも農耕の安定は国家の礎《いしずえ》であることから、この儀礼は国王の責務とされたという。

こうした陰陽五行説は琉球王府も受容するところで、後にも改めて述べるように、南西諸島には、殺牛祭神《さつぎゅうさいしん》の儀礼が広汎に分布した。しかし、これを文献的に確認することは難しく、とくに王府が、そうした動物供犠を積極的に採用した形跡がみあたらない点には留意が必要だろう。ただ沖縄において、陰陽五行説が、民間の祭祀などにも強固な理論的枠組みを与え大きな影響力を有していたことに疑いはない。

ハマエーグトゥの事例でみれば、これを行う二月は卯にあたり、もっとも生命力に溢れる時期だとされる。この月には、先に述べた五穀発祥の地である久高島《くだかじま》への国王行幸が実施される。ハマエーグトゥは、こうした重要な国家的祭祀に時期が一致する。また二月には、日本でも五穀豊穣を祈る祈年祭《きねんさい》が行われる。さらに中国では二月に、宗廟に供える穀物を天子自ら耕作してみる籍田《せきでん》の礼の儀式が行われ、日本でも諸大名が農耕奨励のために、これにならったとされている。

　これは宗廟に象徴されるように、もともとは祖先祭祀であったことを意味し、門中祭祀としてのハマエーグトゥで、供犠の前に本家筋の四家にウシを引き回すとともに、拝所回りの最初に同じく四家の祭壇を拝むことと関係する。先にも述べたように、ハマエーグトゥは基本的に農耕儀礼ではあるが、これに祖先祭祀が巧みに組み合わされている点が興味深い。

　また前城は、ハマエーグトゥでの仕草や料理の数や、拝所の位置や数、さらにウシの左回りや左前足についても「左尊右卑」という思想に基づくもので、すべてが陰陽五行説で説明できるところとなり、この儀礼が中国からの思想で緻密に計算された上に成り立っていることを指摘する。

　ただ浜でウシの左足をニライカナイに捧げる最後の儀式については、それ以前の拝所回りとは異なり、中国的な陰陽五行説から巧みにスイッチを切り替えて、沖縄的な土着信仰としての要素を前面に出す形となっていることを、前城は明快に指摘している。これらのことは、ハマエーグトゥが中国の陰陽五行説に起因する農耕のための殺牛儀礼であることを意味するが、巧妙に沖縄固有の信仰を取り込んだ上で、一族の繁栄を願う門中祭祀として考案されたことを物語っている。

第五節　沖縄の動物供犠

国頭地方のウシヤキ

たしかにハマエーグトゥは、沖縄でも南城市志喜屋にしか残らないが、ウシヤキ（ウシ焼き）と称する動物供犠は、国頭地方と八重山諸島にみられる。ここでは紙幅の関係から要点のみを述べるが、これらの詳細については、別稿を参照されたい［原田：二〇一二a］。こうしたウシの供犠については、『沖縄県国頭郡志』に、旧暦一一月にウシ一頭を屠り犠牲として神に捧げるウンネーという行事があり、災難払除のために郡内で行われていたが、明治二四、五年頃に廃止された旨がみえる。

ただウンネーについては、簡略な記述のみで、その実態と目的については不明とするほかはない。そこで、ウシヤキについて現在確認しうるもので検討しておこう。こうしたウシヤキのうち、もっとも儀式として整って残るのは、名護市屋部《やぶ》の事例で、詳細な調査報告がある［宜保：一九八一、山下：一九八二、名護市立博物館：一九八九］。この本部《もとぶ》半島付け根に位置する集落の一門は、毎年旧暦一一月九日にプーミチャーウガーミという先祖墓御願を行う。

　ふだんは単なる御願だけであるが、五年ごとにウシを屠殺して捧げるという特色がある。この儀礼の目的については、当事者もわからないとしているが、ハマエーグトゥと同様の門中祭祀で、一族の繁栄を願う動物供犠とみなすことができる。また同じく名護市の安和《あわ》も、屋部近くに位置して、丘陵部と沖積地に広がる同様の集落であり、ここでも九年ごとの旧暦九月九日にウシヤキ御願が行われるほか、旧暦五月五日には五年ごとの、七月七日には七年ごとのウヮーヤキ（ブタ焼き）が催され、これについては作物の祈願とされている。

　さらに本島脊梁山脈《せきりょうさんみゃく》の山麓部に位置する同じ名護市の世冨慶《よふけ》でも、旧暦九月の吉日を選んで、七年に一度、丑年と未年のいずれかの年にウシヤキが行われている。これについては二〇〇九年に実見することができたが、ここではシマクサラシが行われず、このウシヤキに除厄儀礼の要素を伴わせているように思われた。ただ八〇年前には、山のなかの供犠を行うウシヤキモーで、殺したウシの血を撒いたという点に注目しておく必要があろう。

　また、この世冨慶の南にあたる名護市数久田《すくた》でも、七年ごとにウシヤキがあり、寅年と申年には旧暦四月二九日と旧暦九月二九日の二回、ウシを供犠して共食を行う。その目的は、先祖への感謝と五穀豊穣だという［名護市史編さん室：二〇〇三］。この世冨慶と数久田には谷田《やとだ》（迫田《さこだ》）が発達しており、水田比率がきわめて高いことに注意すべきだろう。両村ほどではないが、先の屋部と安和も水田比率が高いという特徴がある。

しかも後にみるように、シカの血を水田に撒くという『播磨国風土記』の記述から、ウシの血を撒くという行為は、水田稲作と深く関係するであろうことが窺われる。また安和のブタヤキや数久田の事例からは、状況証拠の域を出ないが、ウシヤキという動物供犠の目的が稲作の豊穣にあったことを思わせる。

このほか名護市周辺においても、ウシヤキの形跡が確認される。今帰仁《なきじん》村謝名《じやな》でも、昭和一七、八（一九四二、四三）年頃まで、ウシヤキが行われウシ汁の共食をしたという［津波他：一九八二］。また同じく天底《あめそこ》でも、旧暦八月一〇日にウシヤキモーで、ウシを潰して料理する行事があったという［宮平盛晃の調査による］。

さらに本部《もとぶ》町浜元《はまもと》でも、『本部町史　資料編2』によれば、旧暦八月一〇日に牛肉祭を行っていたとともに、同じく健堅《けんけん》でも、旧暦九月九日に五年に一度ウシヤキが催されたが、一九六〇年頃に途絶したことがわかる。今帰仁村と本部町の場合では、水田よりも畑地が卓越するが、国頭地方は先に紹介した奥間・羽地に代表されるような水田地帯であった。おそらく量的な問題は別として、質的には稲作への願望が強かったことが、近年までウシヤキの形跡を残した要因と考えられよう。

八重山諸島の動物供犠

こうした国頭地方のウシャキ以外にも、八重山諸島での事例があり、山下欣一の報告に詳しいほか「山下：一九八二」、いくつかの民俗誌に、その記載がある。石垣市川平《かびら》では、旧暦八月の一定の日に催されるキツイグワン（結願）の行事にウシの供犠が伴う。これは九月に行う「世の初願い」という一年の願い事に対して感謝するもので、群星《ムルブシ》（稲干）・山川・赤イロ目宮鳥・浜崎などの四御嶽で催される。

このキツイグワンは、豊作祈願に対する満作のお礼という意味が強く、収穫祭の要素が強く認められる。その中日の三日目の早朝に、屠殺役の人々が群星御嶽にお参りしてウシを解体し調理を行う。その後、そこに村の長老や司《つかさ》が参り、牛肉・肺臓・肝臓・心臓・ニンニク・塩のほか、神酒・米・甘藷を供饌として捧げ、結願を行い、ほかの山川・赤イロ目宮鳥・浜崎の御嶽に詣でた後、群星御嶽に戻って神人共食が催される「宮良：一九七九」。

この群星御嶽は、村に最初にできた中心的な御嶽で、かつては群星つまりスバルの位置を目安に農作業の季節を定めていたといい、群星は稲干にも通じて白米に関わる伝承があることから「川平村の歴史編纂委員会：一九七六」、農耕のうちでも稲作との密接な関係が認められる。これも稲作のための動物供犠とみなしてよいだろう。

このほか竹富島においても、ブタとウシの供犠がみられる［上勢頭：一九七六］。ブタは、春秋の節入りした時の壬戌《みずのえいぬ》の日に行われる龍宮祭の供物とされるが、その後ニワトリに変わったという。ウシは、旧暦九月の種子取祭と呼ばれる島でもっとも重要な大願に捧げられるもので、作物の収穫と人々への加護を御嶽の神に願うことが目的とされる。やはり農耕との関連が窺われるが、竹富島に水田はなく、西表島に出向いて稲作を行っている。

志喜屋のハマエーグトゥは、整然とした儀式体系が伝えられた形で動物供犠が行われているが、国頭地方や八重山諸島の場合は、期日もさまざまで、目的も不明確なものが多い。しかし、これらがシマクサラシとは異なる招福儀礼であることに疑いはない。しかも、その背景には、農耕との濃密な関係が読み取れ、とくに稲作を意識させるものも少なくない。

ハマエーグトゥが伝わる志喜屋の知念一帯、ウシヤキの残る国頭地方南部、それに動物供犠の形跡が確認される八重山諸島は、いずれも沖縄のなかでは稲作が盛んな地域であった。沖縄の農耕儀礼については、決して稲作を優越させるものではなく、畑作の要素も強いことが指摘されているが［伊藤：一九七四］、沖縄の動物供犠には稲作との関係を窺わせるようなところがある。

沖縄の動物供犠

先にも述べたように、『琉球国由来記』など王府の正式な記録類からは、動物供犠の形跡を読み取ることは難しいが、実際には、このように詳細にみていくと、かつて民間では、シマクサラシあるいはハマエーグトゥのような動物供犠が、盛んに行われていたという事実が浮かび上がってくる。

ちなみに除厄儀礼と招福儀礼を比較した場合、社会の発展および安定に伴って、食料の確保は比較的実現されつつあるが、疫病などの恐怖は簡単にぬぐい去ることが難しいものと思われる。それが、シマクサラシが今日にも広く伝わり、ハマエーグトゥが志喜屋にしか残らず、ウシヤキがやや局地的にだけ残った理由だろう。

では、こうした沖縄の動物供犠は、どのような形で伝来したものだろうか？　とくにハマエーグトゥには、中国の陰陽五行説の影響が顕著に認められるところから、まず中国という可能性が第一に浮上する。しかし、これが農耕に関わるという根本問題に注目するなら、沖縄における農耕の伝播を考える必要がある。これについても、さまざまな見解が出されており、ここでの詳論は省くが、いちおうの展望を述べておきたい。

沖縄における農耕といえば、冒頭にも述べたように、一〇〜一一世紀以降のことで、その後のグスク時代の経済的基礎を築いたとされている。また、この頃に和人との混血が進み、今日の沖縄人の形質が形成されたと考えられており［安里・土肥：二〇一一］、日本と密接な関係にあったことが明らかにされている。

日本と沖縄の考古遺物などから判断すれば、沖縄への農耕、そしてウシの伝播も日本経由であった可能性が高い。そして日本には、中国から朝鮮半島経由で、水田稲作が伝わったが、おそらく畑作も同様のルートをたどったものと思われる。そして沖縄には、やがて王権が成立し、中国との冊封関係を結ぶことで、中国の文化や思想が流入してきたにすぎない。

こうした経緯を考えるなら、中国から日本に入った農耕と動物供犠の伝統が、新たに農耕を開始した沖縄に入ったものと思われる。そして国家機構の成立後に、中国と深い友好関係が結ばれたことから、ハマエーグトゥの場合に典型的なように、儀礼そのものが再び中国風に整えられていったと考えるべきだろう。その時期は、おそらく三山統一後に国家体系が整備されていった一五世紀頃のことで、陰陽五行説の場合とは異なり、方角を重視する風水思想の本格的受容は一七世紀後半であったことに留意しなければならない。

もし、この推定が正しいとすれば、日本にもかなり古い時代には、農耕儀礼としての動物供犠が存在したことになる。まさに本書の課題はそこにある。世界史的にみれば、農耕儀礼には動物供犠を伴うのが一般的である。どうしても日本が例外であるとするなら、その根拠が示されねばならない。仮りに、それを肉食の忌避に求めたとするならば、本書第四・五章でみるように、歴史的には忌避以前に動物供犠が存在していたという事実を、われわれは認めなければならないことになる。

沖縄の事例からしても、動物供犠が文献に残らないからといって、それがなかったことにはならない。むしろ日本の豊富な文献を、先入観を排して詳細にみていけば、動物供犠の存在を窺わせる記述が少なくない。これから沖縄における動物供犠の意義を踏まえた上で、中国大陸・朝鮮半島を視野に入れつつ、日本の動物供犠について検証していきたいと思う。

第二章　中国大陸・朝鮮半島の動物供犠

日本の動物供犠を考える上で、いくら沖縄の事例を検討してみても、その初源的問題に迫ることは難しい。やはり日本列島における民俗文化の特色を追求しようとするなら、東アジアという観点を抜きにすることはできないだろう。とくに中国大陸は、華北の黄河文明と華南の長江文明とが古くから栄えたところで、ともに動物供犠を歴史的に行ってきた。また大陸との懸け橋である朝鮮半島も、その影響を受けると同時に、この日本列島にも農耕と動物供犠を伝えたところであり、両者における動物供犠の様相を、まず明らかにしておこう。

第一節　古代中国の動物供犠

中国の文明と農耕

いうまでもなく日本の文化には、西方の中国大陸や朝鮮半島だけでなく、北方ルートや南方ルートからも、さまざまな文化要素が流入しているが、中国に発生した巨大文明が、周辺諸国に与えた影響力には圧倒的なものがあった。とくに日本文化の形成において、漢字を含めた中国文化の役割を決して過小評価すべきではないだろう。

日本の弥生時代には、水田稲作による生産力の著しい発展によって、一気に社会の成熟度が高まったが、すでに中国では古代王朝の周が終わりを告げて、春秋戦国時代への胎動が始まっていた。そして、この時期には、『周礼《しゅらい》』や『礼記《らいき》』にみられるように、盛んに祭祀が行われ、これに動物供犠が伴っていた。

儒教の重要な経典である『礼記』は、まさに儀礼そのものを体系的に記した書物で、そこには動物供犠について、実に豊富な内容が示されている。こうした動物供犠は、すでに殷代にも行われており、古く長い歴史を有するものであった。そこで、まず中国における動物供犠を、農耕との関連からみていくこととしたい。

黄河南岸の中原地域では、すでに紀元前七〇〇〇〜五〇〇〇年に裴李崗《はいりこう》文化が起こり、粟を中心としてブタを飼育する農耕・牧畜が行われていた。このほか長江中流域の湖南省北西部でも、紀元前七五〇〇〜六〇〇〇年の時期に、稲を栽培していたとされる膨頭山《ほうとうざん》文化も知られている。

こうした黄河文明のなかから、夏・殷・周という三王朝が出現をみた。河南省偃師《えんし》市の二里《にり》頭《とう》遺跡は、紀元前一八〇〇〜一五〇〇年頃の宮殿遺跡で、前半期は夏の時代のものとみられ、後半期からは殷の文物が出土するところから、殷代初期の都城と考えられている。

いうまでもなく農業の発達が、四〇〇〇年近くも前に国家の出現を促したわけで、まさに二里頭遺跡は黄河文明の萌芽を物語るものといえよう。この黄河文明は、もともと粟・稗を主体とするものであったが、後にはシルクロード経由の麦を栽培することで、著しい展開を遂げた。西アジアからの小麦・大麦の移入は、夏に続く殷代のこととされている［ブレイ：二〇〇七］。

しかし近年の考古学上の成果では、すでに殷に先行し二里頭文化に属する洛陽市皁角樹《そうかくじゅ》遺跡からは、粟がもっとも主要な作物で、次いで黍《きび》も多いが、同時に小麦・大麦および稲が検出されたという指摘がある［岡村：二〇〇三］。これらは畑作物の一つであったろうが、夏の時代に、麦や米の栽培が行われていたことには注目しておく必要がある。

中国の動物供犠

また動物の飼育も農耕と同様に古く、すでに紀元前六〇〇〇年代にイノシシを馴致しブタとして飼育しており、ウシやヒツジも紀元前三〇〇〇年代に家畜化が進んだとされている［岡村：二〇〇三］。こうして華南には、稲作の傍ら魚を捕りブタを飼うことを基本とした長江文明が成立をみた。また華北には、粟・稗に麦を加えた畑作にウシやヒツジの牧畜を加えた黄河文明が展開し、甲骨文・金石文やがては漢字という高度な文字文化を築き上げた。このため、ここに残された記録類から、農耕と動物供犠の関係を窺うことができる。

中国最大の歴史書『史記』は、まさに黄河文明を彩る王朝の興亡を、さまざまな角度から記した史書である。ただ、農耕の記述が詳しくなるのは、黄帝の曾孫の子・堯の代のことで、暦日を数えて播種・収穫の時期を教えたとしている。ただし供犠については、その子・舜が、先祖と父の廟に、一頭のウシを犠牲として供えたとするだけで、農耕よりもむしろ祖先供養のために供物を捧げたものといえよう。

動物供犠と農耕

さらに『史記』のなかでも、叙述の精度が増す秦代には、農耕の重視が著しくなるとともに、始皇帝二世は、父の廟に貢ぎ物を献上し、犠牲を増やして礼式を整えたという。また陝西《せんせい》省で渭《い》水《すい》に合流する涇《けいすい》水の祟《たた》りに際しては、心身を清める斎戒を行った上で水神を祀り四頭の白馬を沈めた旨がみえる。この段階では、やはり祖先の祭祀や凶事への防禦として、動物供犠が行われたとみてよいだろう。

しかし、この涇水にウマを沈めたとする伝承は、ウマを水神に捧げるという洋の東西に共通する信仰の存在を明確に示すものといえよう。これはつとに石田英一郎が『河童駒引考』で明らかにした問題で、やがては日本にまで及んだきわめて古い習俗であることが、すでに指摘されている［石田：一九四八］。さらに牛馬と水神の関係について、世界各地からの膨大な例証をあげ、ウマを水神に捧げるはるか以前に、ウシを水神の聖獣として犠牲に供える信仰が、ユーラシア大陸全土に分布し、中国においては農業とともに古いと推定している。

しかもウシは、月と大地と女性とに関連して豊穣を象徴するもので、生命の源泉たる水と深く関わり、農耕に不可欠な動物だとする。それゆえウシを屠る豊穣祭的な儀礼が、祖霊崇拝などとともにユーラシアの各地に広まった、と石田は考えた。

実は『史記』のはるか以前から、水神へウシを捧げる儀礼が行われていた。白川静は、殷代の甲骨文に「河に三牛を尞《りょう》し、三牛を沈めんか」などとあるのは、明らかに作物の豊穣を祈る農耕儀礼だとしている［白川：一九七二］。

なお、こうした農耕に関わるウシの供犠については、『漢書《かんじょ》』巻七一に「これにおいて太守牛を殺し……天に大雨立ちて、歳に孰《じゆく》す」とあるように、漢代には雨乞いとして広く行われていたものと思われる。しかも後に第五章で述べるように、こうしたウシなどの家畜を用いた供犠が、やがては雨乞い風習として、朝鮮半島を経て日本へと伝わるところとなる。

さらに白川は、古代中国における農耕と動物供犠の問題にも言及している。紀元前一六〇〇年頃の殷の社会は、農耕を主な生産手段とするもので、殷墟から多数出土する獣骨は請雨という農耕儀礼が目的であったことを、地理的環境条件や土器文化の性格を踏まえて、甲骨文の解釈から明快に指摘している［白川：一九四八］。

そもそも青銅器の用途は、楽器・食器・酒器などで、酒を温めるための爵《しやく》が殷代に、続いて周代に肉を煮るための大型の鼎《てい》が登場したが、これには牛骨が入ったまま出土したものもある。周代に入ると、膨大な数の青銅器製の爵や鼎が出土することから、神々や祖霊の前に酒と肉を捧げる祭祀が頻繁に行われたと考えられる。

ところで白川は、数多くの獣骨に記された卜辞《ぼくじ》から、殷王朝には農耕儀礼のほかに祖祭が頻繁に行われており、これを祖先の霊を鎮めるためのものとしている［白川：一九五八］。先の『史記』の祖霊祭祀も、記述からは農耕儀礼とはみなしがたいが、祖霊への礼を尽くすことで安穏な生活を期待するところから、これには豊作祈願も含まれると考えてよいだろう。

さらに中国以外でも、日本と朝鮮の古代史に詳しい三品彰英は、東南アジアや朝鮮半島の事例分析から、穀霊再生のための祭祀は、祖霊への鎮魂と相通ずることになるから、豊作を祈る収穫祭は、そのまま祖霊祭に繋がるとしている［三品：一九七三］。またヨーロッパでも、ミルチャ＝エリアーデは、種子と死者とは地下を通じて結びつき、その復帰が豊穣をもたらすところから、クリスマスには、死者の祭と豊穣と生命を讃える祭という二つの側面があると指摘している［エリアーデ：一九六八］。こうしたことから、基本的に祖霊信仰は、豊穣儀礼と密接に関わっていたとみなすことができる。

第二節　華北と華南の動物供犠

黄河文明と動物供犠

紀元前一二～八世紀頃の周王朝の行政を記した『周礼』は、紀元前三世紀頃に編纂されたものであるが、行政を統括する天官の仕事として、「納亨《のうほう》（＝神への献饗）に及んで王の牲事を賛《たす》く」とある。また白川静の『字通』によれば、宰相の「宰」は、宮室などの建物を意味するウ冠に、牲肉を切る把手付きの曲刀を意味する「辛」の字が付されたものとされる。古代中国では宗廟に犠牲を供す時に、天子は鸞刀《らんとう》を用いるが、これを宰割するのは長老の仕事で、その人を宰と称したことが宰相の起源とされている。

こうした字義からも、政が祭に通じた古代の祭祀において、動物の供犠は、王の重要な任務であった。例えば『礼記』礼器では「君親《みずか》ら牲を牽《ひ》けば、大夫幣を賛《たす》けて従う……君親ら牲を割《さ》けば、夫人酒を薦む」とし、同書郊特牲《こうとくせい》でも「君再拝稽首《けいしゅ》し、肉袒《はだぬぎ》して親ら割くは、敬の至りなり」と記している。つまり重大な祭祀では、王自らが犠牲の宰割を行うべきものであったことが窺われる。

そもそも『礼記』礼器の記述は、祖霊祭祀に関わるものであるが、同じく郊特牲は天地の神への祭祀を解説したもので、これは大自然から身を守り、食料の獲得・生産のために行われる祭祀であった。その犠牲として仔牛が用いられ、その肉や内臓のほか、首や毛・血が供えられた。これに次ぐのが社稷《しゃしょく》の祭で、稷は黍《きび》の意であるが、転じて五穀の神をさす。

さらに『周礼』春官の項には、天神・地祇などを祀る大宗伯《だいそうはく》の職務として「血祭を以て社稷・五祀・五嶽を祭り、貍沈《ばいちん》を以て山林川沢を祭り、疈辜《ひょうこ》祭を以て四方百物を祭る」とある。血を地にたらして社稷などを祀り、その犠牲を地下に埋め、あるいは川沢に沈めて山林川沢を祭祀し、牲を解体して四方や百物の小神を祀る、としている。

また同書の地官には、地方役人である封人《ほうじん》の仕事について「社稷の職を令す。凡そ祭祀に其の牛牲を飾《ととの》え」と記されており、牧人に関しては「六牲を牧して其の物を阜蕃《ふはん》し、以て祭祀の牲牷《せいせん》を共することを掌《つかさど》る」という規定がある。地方でも、五穀の神のためにウシのほか、ウマ・ヒツジ・ブタ・イヌ・ニワトリも飼育して、祭祀の際に犠牲を供すことが定められていた。

華北における犠牲の体系

しかも、これらの犠牲獣には厳密なランクが付され、『大戴礼記《だたいらいき》』曾子円天《そうしえんてん》では、諸侯の祭では大牢としてウシを、大夫の場合は少牢としてヒツジを、士であれば饋食《きし》と称してブタを、それぞれ犠牲とすべき旨が記されている。その後に記された『礼記』の王制には「天子の社稷は皆大牢、諸侯の社稷は皆少牢」とみえ、ウシを含む大牢が、社稷つまりは土地と五穀という農耕の神を祀るのに、もっとも重要な供物とされている。

なお、こうした犠牲獣のウシ―ヒツジ―ブタというランクについては、出土した青銅器の鼎の内部に残る犠牲の骨から、すでに殷代に確立していたことが知られている［岡村：二〇〇五］。ほぼ三七〇〇年近くも前に、農耕社会の展開と国家体制の充実によって、農耕祭祀における供犠の体系が成立していたのである。

もちろん『礼記』雑記に「夫れ大饗は、既に饗して三牲の俎《まないた》を巻き、賓館に帰《おく》る」とあるように、祭祀の肉は、これを祀る人々で共食され、その場にいなかった人にも配られた。つまり祭祀による恵みは、関係者一同に分け与えられることで、本来の目的が達せられるのである。

ウシを頂点とする供犠の体系は、王や諸侯の祭祀に顕著であるが、実際には社会の底辺で、さまざまな動物供犠が行われていた。『礼記』礼器には、「山に居て魚鼈《ぎょべつ》を以て礼と為し、沢に居て鹿豕《ろくし》を以て礼と為すは、君子之《これ》を礼を知らざるものと謂《い》う」とあり、それぞれの土地に産するところの動物を捧げることが、礼に適《かな》うものであることを強調している。

このことは『礼記』を中心とした世界ではなく、それ以外の地においても、三牲のように家畜を用いず、魚介類や、シカなどのような野生獣が供犠の対象となっていたことを意味する。これは次節で述べるような華南の問題を考える上で、きわめて重要な問題となる。『周礼』『礼記』、あるいは『史記』などにみられるウシやヒツジを中心とした動物供犠の体系は、あくまでも華北を中心とする黄河文明を築いた華夏族つまり漢族のものであった。そしてこれらは、麦や粟・稗を中心とした畑作と牧畜という生業を基礎としたものであったがゆえに、貴重な家畜が犠牲獣として捧げられる文化が成熟をみたのである。

長江文明と動物供犠

これに対して、水田稲作をベースとした華南の長江文明における動物供犠については、文献がほとんど存在せず、稲作文化そのものについても不明な点が多い。しかし、それは漢字という文化が畑作を基本とした黄河文明のもので、稲作をベースとした長江文明が文字をもたなかったことに由来する。この地域に関して、『史記』五帝本紀は「三苗《さんびょう》、江《こう》・淮《わい》・荊《けい》州に在りて、数《しばしば》乱を為す」と記すが、この江州・淮州・荊州とは、洞庭湖を中心とした長江の中・下流域に位置して、水田稲作を中心とした長江文明の本拠地にほかならない。

例えば湖南省の城頭山遺跡は、紀元前四五〇〇年頃の水田址や祭壇跡を伴うもので、長江文明の所産とみなすことができる。同書に登場する三苗とは、殷の始祖・舜によって西南の地へ追われた人々であったと考えられる。白川静によれば、六朝以前つまり三世紀初頭までは、この地は苗《ミャオ》族の根拠地で、稲作文化によって栄えていたが、殷や周の圧迫によって、彼らは徐々に南下を余儀なくされていったという［白川：一九七五］。

苗族は、現在中国西南部以外にも、ラオス・タイ・ベトナムの各北部一帯に住んでモンとも呼ばれており、棚田を作ったり焼畑による稲作を行ったりしている。先の三苗を、単純にそのまま今日の苗族に置き換えることはできないが、かつて苗族を調査した鳥居龍蔵は、彼らを華南の原住民ととらえ、銅鐸・米・下駄・高床式住居・入墨などの共通性を根拠に、日本文化の形成に大きな影響を及ぼしたと考えた［鳥居：一九一八］。

こうした鳥居の主張は、彼の日本民族形成論の一部をなすもので、基本的には今日の学界でも支持されている［大林：一九七五］。たしかに日本文化は、中国からの影響という点でみれば、国家レベルの文字文化は華北の黄河文明の系譜を引く。しかし生活レベルの文化に関しては、華北の黄河文明よりも、華南の長江文明の方が、はるかに近似性が高い。おそらくは長江文明的要素が生活文化のベースとして弥生時代に入り、その後の国家形成期に黄河文明的要素が、中国国家と接触した日本の支配者層にもたらされたものと思われる。

華南における供犠動物

そこで貴州省の苗族が行っているウシの供犠についてみておこう。貴州省東南部の山間地帯の苗族は、水田稲作を営み民俗的にも日本に似た点が多い。文化要素としては、漢族とは異なる点が多く、彼らの民俗は、むしろ日本文化のルーツを考える上で甚だ興味深い。

そうした苗族の村々では、鼓社節《こしゃせつ》という大規模な祭が、一二年に一度の丑年に、前後の子年と寅年にわたって催される［鈴木・金丸：一九八五］。この儀式では、祖先の霊を牛皮で張った鼓に迎え入れることが重要で、その翌日に天地祖先への殺牛儀礼が行われる。これには、家々の祭牛と公共の公祭牛とが用意されるが、その数は数十頭におよぶ盛大なもので、これを祖霊に捧げる儀礼が中心をなす。

ちなみに、このウシは牝の水牛で、農業労働などに重要な役割を担う大切で高価な財産であるが、その皮を剝いで鼓に張って祭祀を行い、これを供犠して共食することで祝福と恵みを祈る。村の公共の祭鼓田《さいこでん》に、祖先の鼓が安置され、そこで重要な儀礼が行われることや、豊穣祈願を伴うことなどから、祖霊祭であるとともに農耕儀礼としての性格が強い。

長江文明を支えた水田稲作においても、ウシを供犠する儀礼が行われていたが、今日では、農耕儀礼としての動物供犠は、中国でもほとんどが消滅してしまっている。ただ、その名残りを、こうした苗族などの少数民族にみることができ、ウシに限らずブタやニワトリなどを犠牲とする祭祀が、今日でも広く行われている。

また雲南省弥勒《みろく》県西一郷の彝《イ》族が暮らす紅万《こうまん》村では、旧暦二月二・三日に火祭の行事が行われ、ここではブタの供犠が行われている。この祭の意義は、神聖な火で村を清め、祖先神を迎えて、村の除厄・招福を祈るところにあり、農耕儀礼的な意味合いも含まれている［岡部：二〇〇七］。

ただ、この紅万村におけるブタの供犠は、筆者が二〇〇六年に行った調査によれば、かつてはイノシシであったと考えられる。それは、若者たちが供犠の前に、ブタをいたぶるシーンが重要な意味をもつ。その意味を長老に問うと、この儀礼は人間がかつて動物と格闘しながら生きてきたことの再現だと答えた。すなわち、もともとはブタではなく野獣であるイノシシが供犠の供物であったとすべきだろう。

華北の黄河文明における供犠獣は、基本的に飼育動物で、社会の底辺ではシカも用いられたが、主流はウシを頂点とする飼育動物であった。これに対して、華南の長江文明では、家畜としては、搾乳よりも水田耕作に必要な水牛や、農耕の傍らで簡単に飼育できるブタが高い価値を占めており、かつては野獣が供犠に用いられていた点に注目する必要がある。

なお稲作を主体とする長江文明的要素が、広がりをみせた西南中国および東南アジアにおいては、ブタやイノシシの供犠が広く行われている。先にも述べたように、ブタの供犠に先行して狩猟によるイノシシの供犠があったという可能性も充分に考えられることだけは、ここで指摘しておきたい。

第三節　古代朝鮮の動物供犠

古代朝鮮の神話と農耕

中国大陸には、黄河畑作文明と長江稲作文明という二つの系譜があったが、これらは朝鮮半島を経由して日本列島にやって来た。それゆえ朝鮮半島における動物供犠を検討しておく必要があるだろう。ただ朝鮮半島に関しては、祭祀研究の蓄積はあるが、供犠を扱った事例はほとんどみあたらず、これを系統的に論ずることは難しいので、あくまでも中国・日本との比較という観点でみておきたい。

まず朝鮮半島では、紀元前三五〇〇〜二〇〇〇年頃に、北方系の黄河畑作文明が入り、粟を中心とした原始農耕が始まったとされ、狩猟動物としては、イノシシとシカが圧倒的に多かったという。そして紀元前八〜四世紀頃に、遼東半島経由で南方系の長江稲作文明が伝えられ、水田稲作が開始されたが、前代からの畑作や狩猟も盛んで、重層的な文化構造をなしていたとされる［平郡：二〇〇八］。

朝鮮半島の初源に関わる神話については、『三国史記』や中国史書の東夷伝などにみられ、貊族《ばくぞく》が中心となる高句麗では、北夷の王の侍女が日光に感応して妊娠し、卵から生まれた男子が成長し弓矢に長じて朱蒙《チユモン》と称して、北方の扶余《プヨ》に至って国を開いたとしている。このうち前半の日光感精神話が北方民族に特徴的であるのに対し、後半の卵生神話は南方民族系とされており、高句麗の神話には、北方系・南方系の要素が混合している点が注目される［田中：二〇〇八］。

これに対して韓族が主体となる百済・新羅は、やや様相が異なる。日本と歴史的関係が深い百済は、支配者層との関連で高句麗の朱蒙伝説を継承するが、その子の異母弟が漢城に国を開いたとしている。また新羅は、村の井戸に大きな卵があり、そこから出てきた嬰児が最初の王になったとする。これは典型的な卵生神話で、南方系の要素が強いとされている〔同前〕。

こうした北方系・南方系の神話要素が、それぞれ黄河文明と長江文明に、そのまま直結するわけではないが、日本への文化伝播経路となった朝鮮半島における動物供犠の性格を考える上で、南北双方の要素が認められる点に、重要な手がかりが存在するものと思われる。

自然神崇拝にみる農耕と供犠

古代朝鮮では旱魃に際して、王が農耕神を祀る始祖廟に祈雨することが、百済のみならず高句麗・新羅でも行われていた。とくに『三国史記』百済本紀によれば、四、五世紀頃に、「祠天地」と称する予祝祭・収穫祭が行われており、こうした農耕儀礼が始祖信仰と密接な関係にあったことが指摘されている〔井上秀雄：一九八六〕。

このうち新羅においては、古くは宗廟祭すなわち歴代王による祭祀の中心は祖霊祭と穀霊祭にあったことが注目される。ただ、もっとも重要な国家祭祀は、王都周辺の山岳神を祀ることとされているが、これも各地域の農耕祭祀が原型とされる。新羅の祭祀は、唐の影響を受けてはいるが、伝統的な地域信仰に基づくもので、農耕的な要素を色濃く有しているという点が重要だろう［井上秀雄：一九八四］。

新羅のみならず朝鮮半島においては、山岳や河川などの地域の自然神が、農耕などの祭祀においても重要な意味を有していた。これは祈雨祭が行われる場所が、ほとんど山上や川辺であったことからも窺われる。その詳細は明らかではなく史料も少ないが、これらを子細にみていけば、動物供犠の体系がほぼ浮かび上がってくる。

まず『後漢書』扶余国伝では、戦争の時などに天を祀りウシを殺して、その蹄で吉凶を占うとしている。扶余は朝鮮北部の五穀の栽培に適した平地部に位置し、ここでは牲《にえ》とするためのウシを多く養っているとしている。また『魏志』挹婁《ゆうろう》伝によれば、扶余の東北部では盛んにブタの飼育を行っているという。

さらに『通典』挹婁伝では、死者を木棺に入れて埋葬する時に、イノシシを殺して、その上に積み上げるとしている。さらに同書の馬韓伝によれば、人々は牛馬に乗ることを知らず、葬送に際しては、これを殺して死者とともに埋めるという。これらは葬送儀礼における事例ではあるが、牛馬やイノシシの供犠があったことが窺われる。

犠牲獣としての家畜と野獣

しかし先にみたように百済では、「祠天地」と称する農耕祭祀が行われていた。『三国史記

（鋳字本）』百済本紀の比流《ひりゅう》王一〇（三一三）年条には「春正月、南郊において天地を祀り、王親《みずか》ら牲を割《さ》く」と記されている。いかにも中国風の表現ではあるが、農耕祭祀に王自らが犠牲を捧げるという儀式が行われていたのである。

さらに新羅の事例として『三国史記』雑志の祭祀では、毎年五廟を六度祀るが、豊年には大牢すなわち牲牛を用い、凶年には少牢つまり牲羊を供したとしている。このことから新羅では、遅くとも四世紀には、黄河文明系のウシやヒツジ、すなわち家畜を用いた動物供犠が採り入れられていたことがわかる。

ただ、これに続く『三国史記』比流王二二（三二五）年条には、「十一月、王、狗原《くげん》北手において猟し、鹿を射る」とあり、王がシカを狩猟した旨が記されている。また同書雑志の祭祀には、「古記」を引いて「高句麗、常に三月三日を以て会猟し、楽浪の丘に猪鹿を獲り、天および山川を祭る」としている。

すなわち朝鮮半島では、穀霊を重視する山川の祭に、狩猟獣であるイノシシとシカが捧げられていたことがわかる。家畜と野獣を、動物供犠においてどのように使い分けていたかの判断は難しいが、双方を農耕のための祭祀に用いていたことは明らかである。

また儒教の国・朝鮮では、孔子廟における釈奠《せきてん》が儀礼として重視され、中国の伝統を踏まえて、ウシ・ヒツジ・ブタの三牲が供え続けられていた。一九三七（昭和一二）年四月に、ソウルの経学院（成均館）で行われた春季釈奠では、「俎腥《そせい》三品　牛腥・羊腥・豕腥」すなわち三牲の頭を正位に据え、ウシ・ヒツジ・ブタの三種の肉を、それぞれ塩なしの大羹《おおあつもの》と塩入りの和羹《あえあつもの》として、計六種が配位に供えられた［朝鮮総督府：一九三八］。

しかし注目すべきは地方における孔子廟の事例で、その供物を見ると、豕腥・羊腥はあるが牛腥が登場せず、代わりに鹿脯《ろくほ》（＝干肉）一五三斤・魚脯二五斤のほか、鹿醢《ろくかい》（＝醬）五斗四升・兎醢《とかい》七斗五合が供えられている［同前］。日本の釈奠では、歴史的にウシ・ヒツジ・ブタから、大シカ・小シカ・イノシシやウサギの醢などへと変化し、やがては獣肉類も排除されるが、シカやイノシシ・ウサギなどを代用とすることは、すでに朝鮮半島でも行われていたのである。

さらに、中国古代から行われてきた狩猟祭である一二月の臘祭《ろうさい》の供物も興味深い。後漢後期の崔寔《さいしょ》が著した『四民月令』一二月条では、臘日の五日前にブタを殺し、三日前にはヒツジを殺して祭の準備を行い、当日には稲などを供えるとしている。

こうした臘祭は朝鮮半島でも受容されている。一九世紀半ばの成立で、李朝末期の風俗を描いた『東国歳時記』一二月条によれば、冬至から三番目の未日を臘日と定め、宗廟と社稷で大祭が行われていた。ここではイノシシや山ウサギの肉が捧げられるが、かつては京畿道の山間部ではイノシシ猟を行い、その獲物を捧げたという。

たしかに朝鮮半島では、ウシやヒツジの移入が早くから行われ、家畜を動物供犠に用いてきた。しかし先の百済の事例や、地方の釈奠あるいは臘祭での供物をみれば、意外に日本と同様に猪鹿《ちょろく》が多く、野獣も供犠に用いてきたことが窺われる。これは華南の長江文明的要素が、朝鮮半島経由で日本にも伝えられたためと考えられる。まさに朝鮮半島では、長江文明と黄河文明とが混淆する形で、動物供犠が行われてきたことになる。

第四節　近代朝鮮の動物供犠

模造ウシによる農耕儀礼

北方系の伝統的中国の動物供犠が、朝鮮半島に伝えられた事例として、模造のウシを用いる立春の土牛がある。これは『礼記』月令に、季冬の月に、大儺（鬼やらい）つまり疫鬼を追い払う行事で、土牛を出して寒気を送ることをいう。この土牛の意義については、前城直子が陰陽五行説から詳細な分析を行っているので参照されたい［前城：二〇一二］。

ただ白川静は、『礼記』月令の記述は、五行説などによって著しく整理されたもので、古意を失っているところが多いとしている。土牛にはあくまでも模造のウシが用いられるが、かつてはウシの供犠が行われており、農耕儀礼と密接な関連があったことを指摘している〔白川：一九七六〕。

これが朝鮮半島に伝わった時期については、すでに『高麗史』の成宗七（九八八）年二月三日条に、迎気儀礼として土牛を用いる旨がみえる。この土牛やウシの供犠は、その後も長く継承されてきた。なお李朝末期の『東国歳時記』には、ウシの屠殺に関する興味深い記述がある。同書一二月除夕には、大晦日の一、二日前から屠牛の禁止をゆるめ、元旦に再び解除を止めるという。これは正月に牛肉を飽食できるようにとの配慮だ、という説明を加えている。

この記事は、ウシの屠殺を禁じたものであるが、その背後には、次項の祈雨祭にみるようにウシの供犠が民間でも広く行われていたという事情がある。一九世紀半ばの朝鮮半島においても、表向きはウシの供犠が見えにくくなっているが、皆無となったわけではありえない。むしろ土牛のような模造のウシを用いることで、動物に関わる農耕儀礼が、より貧しい農民層にまで浸透をみたと考えるべきだろう。

また先の『東国歳時記』正月立春条には、ウシの産地である朝鮮半島東北部の咸鏡道《カンキョウドウ》の風俗として、木牛戯《セモリテギ》が紹介されている。これも立春の行事の一つで、木で作ったウシを官庁から民家の村まで引き回して、農耕の振興と豊穣を祈るとしている。これは先にもみたように、生きたウシの代わりに土牛を用いて天子に献じ、引き回した後に、土牛に鞭打つ行事の変形と考えられる。

土牛には除厄儀礼としての要素が強いが、ここでは行政レベルの農耕儀礼として木牛戯が行われ、広く地方にまで定着していたことが窺われる。いずれにしても家畜を供物とする北方系中国文化の影響が、古くから朝鮮半島に及んでいたことを物語っている。

なお、こうした木牛戯の風習は、済州島にも伝わり、毎年立春の前日に、全島巫覡《ふげき》(男性の巫)が州司《しゅうじ》(地方役所)に集合して、農具を添えた木牛を引き回し、豊年を祈る祭祀が大々的に行われるという[李:一九七七]。春季に行われるウシの引き回しを伴う農耕儀礼で、かつ木牛を犠牲の代替えとみなせば、先にみた沖縄志喜屋のハマエーグトゥの変形として理解することも可能だろう。地理的にも沖縄に近い済州島に、木牛戯が残ることはきわめて示唆に富む事例と思われる。

もちろん日本にも土牛の習俗は伝わってはいるが、その受容は朝鮮半島とは大きく異なった。すでに『続日本紀』慶雲三(七〇六)年一二月条に「始めて土牛を作りて大きに儺《おにやらい》す」とあり、諸国に疫病が流行って多くの百姓が死んだことから、疫鬼を追い払うために、日本でも初めて土牛を作ったことがわかる。

むしろ日本では、これが追儺《ついな》として除厄儀礼となり、節分の鬼やらいとして広く民間にも定着をみた。ここが朝鮮半島と大きく異なる点で、日本では土牛の引き回しが農耕儀礼とはならなかったところに注目すべきだろう。これは天武天皇四（六七五）年の殺生禁断令によって、稲作推進のためにウシをはじめとする五畜の屠殺と食用を禁じたためで、たとえ模造であっても公的には許されなかったものと考えられる。それが彼我を分ける大きな岐路になったとみてよいだろう。

雨乞いと動物供犠

朝鮮半島の動物供犠の変遷については、ここで明らかにすることはできないが、近代の様相に関しては、史料的な検証が可能となる。朝鮮総督府の嘱託であった村山智順によって、膨大かつ詳細な民俗調査が行われており、その実態を知ることができる［朝鮮総督府：一九三七・三八］。

先にみたように、朝鮮半島では山川なかでも山岳神を崇拝の対象とした農耕儀礼、とりわけ雨乞いに関わる祭祀が、三国時代から盛んであった。一九三六（昭和一一）年段階で行われていた共同祭を、村山は膨大な表にまとめたが、そのほとんどが祈雨祭で、これには動物そのものやその肉類を供えたものが多い。

例えば、京畿道広州県では、黄牛一頭を屠殺し供えるといい、全羅南道谷城郡では、ブタを屠殺し首を生のまま河水に投入するし、慶尚北道星州県では、牛頭を埋め屠殺したブタの血を神壇か山谷河川に流したりする。さらに平安南道成川県では、山中か川辺でウシかブタを屠り祭後に頭を埋めるほか、江原道鉄原県では、山中の淵でイヌを屠り血を岩に塗り死体を淵に投ずるといった事例が、豊富に提示されている。

もちろんすべての祈雨祭に、必ずしも動物供犠が伴うわけではないが、彼が報告した全一二二例のうち、九二例ではほぼ確実に屠殺が行われている。さらに不明な記述も多く、供犠の内実を省略した可能性も高く、おそらく一〇〇を超える実態が想定されよう。近代においても、雨乞いという農耕儀礼に、ほぼ動物供犠が伴っていた点は注目に値しよう。

さらに、この九二例の内訳は、重複を含めてウシ二七例、ヒツジ三例、ブタ六〇例（含むイノシシ二例）、イヌ三四例、ニワトリ四例のほか、動物名が不明なもの四例となる。このうちウシとブタについて考察を試みれば、地域的な分布から、きわめて興味深い結果が浮かび上がってくる［原田：二〇一二b］。

まずウシについては、平安北道・南道に集中し、黄海道・京畿道にもみられるが、南は慶尚北道と慶尚南道・全羅北道の一部までで、基本的に北部を中心とした分布を示している。もっとも多いブタは、咸鏡北道・南道から平安北道・南道、江原道、黄海道、忠清北道・南道、慶尚北道・南道および全羅北道・南道と、ほぼ全国的に分布するが、やや中南部に集中するとい

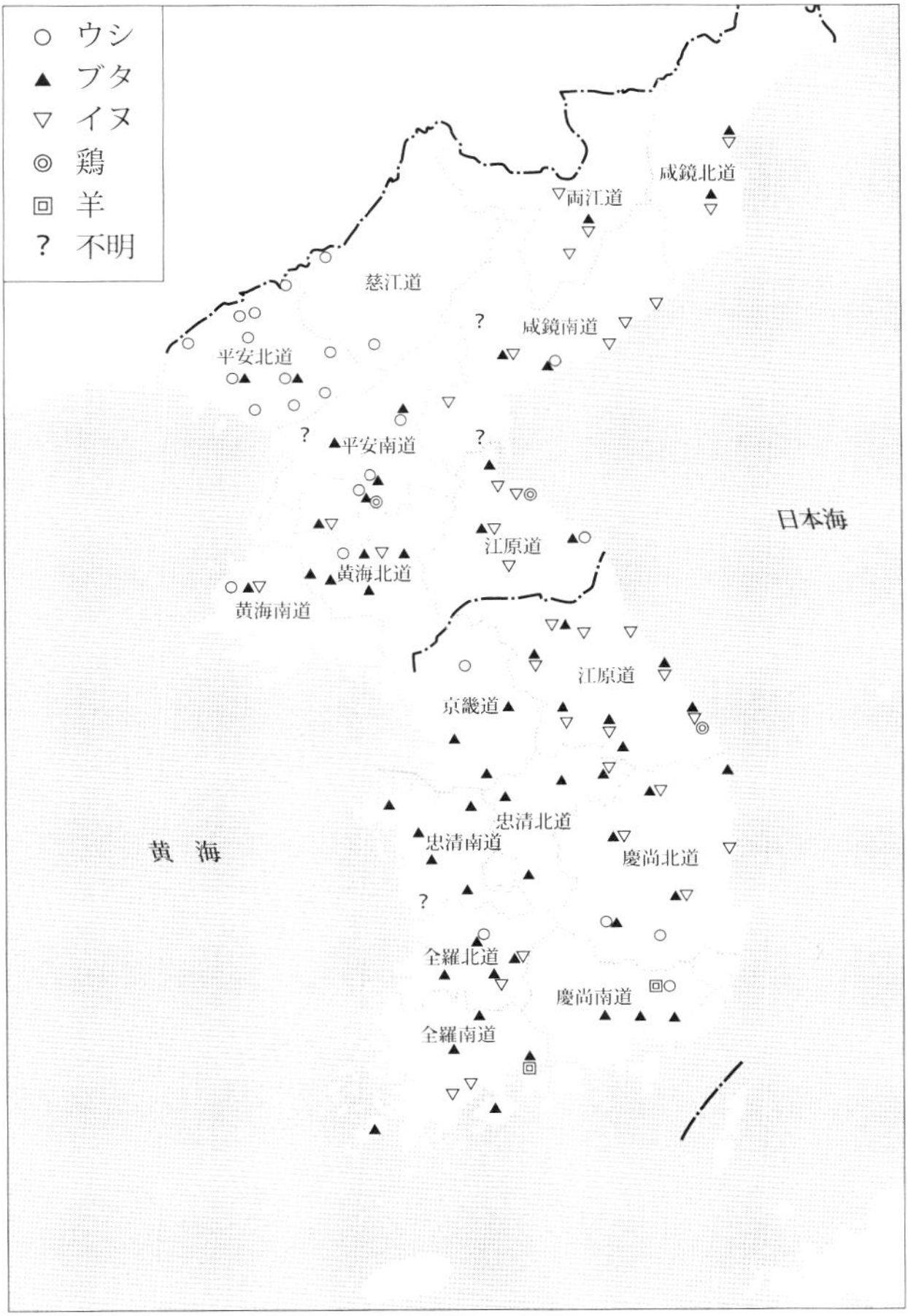

朝鮮の雨乞い儀礼において供えられた動物の分布（ウシ、ブタ、その他）

う傾向がある。
もっともポピュラーな家畜であるブタは、中国南方からの稲作文化とともに渡来し、朝鮮半島西南部に広まった。これに対して、北方系の中国文化を代表するウシなどの搾乳用の家畜文化は、どちらかといえば朝鮮半島北部一帯に強く根付くところとなった。つまり黄河文明的要素の強いウシが北部に多く、長江文明的要素の強いブタが中南部に集中していることがわかる。このことは、そのまま朝鮮半島における二つの農耕文化の伝播ルートを物語るものと考えられよう。

つまり朝鮮半島においては、初めに東北部に黄河文明的麦作文化が入り、その後、南方から長江文明的な稲作文化が南西部にやって来た。これが、やがて南へと延びて日本列島にも及ぶところとなる。そして朝鮮と日本の国家形成期には、漢字文化を有して国家システムを強固に作り上げた北方系の黄河文明の伝統が、両国の社会習俗の上に大きく覆い被さったものと思われる。

なおヒツジは、北方的な釈奠などの供物には登場するが、その受容は、それ以外の地方ではあまりみられない。むしろ、その代わりにイヌが用いられたが、これは東北部中国から朝鮮半島にかけては、遊牧的な要素が欠落して、イヌ肉食が普及して重要な食料家畜の一つとされたためだろう。

いずれにしても、古代朝鮮に始まる山川信仰と動物供犠による祈雨という農耕儀礼が、つい近年まで続き、地方に浸透して維持されたのである。こうした民間習俗の驚異的な持続力に関しては、日本でも同様であった。このことについては、改めて第五章で詳述したい。

動物供犠における朝鮮と日本

また朝鮮半島における祭祀の特徴として、その執行にあたって極度の清浄が求められることで、不浄を祓い去るための致斎《ちさい》と、近づけないための禁忌という行為が要求され、これが厳重に守られる。もし司祭者に不浄があれば、きわめて大きな道義的責任を問われるため、さまざまな致斎と禁忌を実行する。

例えば、祭日の三日または一週間前から、朝夕二回冷水を用いて身を清め、全身を洗って爪や髪を切り髭を整えるほか、酒・肉（魚）・房事・煙草・屠殺などが固く禁じられるという。そして一九三六（昭和一一）年段階での「部落祭」における致斎と禁忌の二〇九に及ぶ事例が挙げられている［朝鮮総督府：一九三七］。

これは日本でも同じで、祭事にあたって身を清浄に保つことが重要とみなされ、そうした一種のミソギ的行為が、祭祀などの完遂に大きな意義をもつと考えられてきた。とくに日本では、中世に屠殺や肉食の穢れを、徹底して忌むという観念が強まり、神社への参詣などの際には、一定の期間、肉食などの穢れを断つという物忌令が成立をみた。
朝鮮半島でも、肉食や屠殺が禁忌の対象となっており、同様の観念が存在していたことにな
るが、日本では肉食禁忌が異様な形で展開したことから、穢れに対する意識のあり方が大きく
異なった。これについても第五章で論ずることとしたい。
基本的に朝鮮半島では、儒教を中心とした中国文化の圧倒的な影響下にあったが、こうして
古代から近代に至る動物供犠の様相を具体的にみてみると、中国の儀礼をそのまま受容したの
ではなく、朝鮮半島独自の山岳や河川に対する自然信仰を重要視して、それと中国文化の微妙
な連関の上に成り立っていることがわかる。
しかも中国文明を、華北の麦作と搾乳家畜を基本とする黄河文明と、華南の稲作と魚・ブタ
を中心とした長江文明とに区別するなら、朝鮮半島においては、初期に東北部では華北の麦作
などの影響を受けつつも、やがて華南からの水田稲作を受容し、半島西南部を通過して、さら
に日本にまで、これを伝播させる経由路となったとしてよいだろう。
そして再び国家形成期に、朝鮮半島においては、華北の伝統的中国文化を採り入れて、国家
の運営システムを創り上げ、これとともに、ウシをはじめとする家畜の供犠も早い時期から行
われてきた。ただ、その歴史的前段階においては、日本と同様に猪鹿が多く棲息したことから、
その狩猟も長く行われ続けたという流れを読み取ることができる。

たしかに中国文化は、朝鮮半島や日本列島の人々の生活に、大きな影響力をもったが、その受容をめぐっては一様ではなかった。むしろ、それぞれの地域性に適合的な形に変化したことから、現実には異なった歴史の形跡を残すところとなるのである。

第三章　日本における動物供犠の痕跡

ほぼ等質な民俗文化を有する中国大陸・朝鮮半島に、広く動物供犠が認められるのなら、それが日本列島に存在しないのは、きわめて異様な現象となってしまう。日本でも、初源においては、動物供犠が行われていたと考えるのが自然であろう。ただ存在したものが、ある段階で消えていくことは起こりうる。そこで本章では、日本に残る動物供犠の痕跡に、現存する文字史料からできる限り迫りたいと思う。この問題は、すでに先学が指摘してきたところではあるが、これを受け継いだ議論は乏しいのが現実で、改めてトータルな観点から検討を加えることとしたい。

第一節　動物供犠と農耕儀礼

シカの血と農耕

まず古代日本における動物供犠の存在を、文献史料から検討してみたい。これに関しては、『古事記』『日本書紀』などの正史よりも、地方の実情を記した『風土記』の方が、より雄弁に生活レベルの現実を物語ってくれる。広く知られる播磨国のシカの事例からみていこう。

（A）『播磨国風土記』讃容《さよ》郡条　讃容という所以《ゆえん》は、大神妹妋《いもせ》二柱、各、競《きそ》いて国占めましし時、妹玉津日女《いもたまつひめ》命、生ける鹿を捕り臥せて、其の腹を割きて、其の血に稲種《ま》きき。仍《よ》りて、一夜の間に、苗生いき。即ち取りて殖えしめたまいき。

（B）『播磨国風土記』賀毛郡条　雲潤《うるみ》と号《なづ》くるは……彼の村に在《お》わせる太水《おおみず》の神、辞《いな》びて云《の》りたまいしく、「吾は宍《しし》の血を以ちて佃《たつく》る。故、河の水を欲《ほ》りせず」とのりたまいき。

（A）では、生きたシカを捕らえて腹を割き、その血を種につけて播いたところ、一夜で苗が生えたとしている。古代には狩猟動物の供犠に関わる行為が、作物の豊穣を招くと考えられていたことが窺われる。

これに対して（B）は宍とするだけで、シカかイノシシかわからないが、その血で水田を作るのだから、用水の水は不要だとしている。これも水田稲作において、動物の血に大きな効用があったことを物語っている。しかも播磨国だけでも二カ所に登場することは、その広汎な存在を思わせる。

このシカの血については、すでに研究史が整理されており［長田：二〇〇〇］、古くはロシア人のニコライ・ネフスキーが注目したが［ネフスキー：一九一八］、その存在を指摘しただけであった。そしてこれを農耕儀礼との関連で論じたのが折口信夫で、折口はシカの血は田を脅やかすシカなどの動物を追い払うためのものと推定している［折口：一九三二］。

これに対して神話学者の松村武雄は、西アフリカや南アフリカあるいはインドなどで、人間を殺してその血を田畑に撒いたという事例を紹介し、斎種《いつきだね》に動物の血をつけると作物の生長を促すという信仰は、広く世界的に分布することを指摘した［松村：一九五八］。これは前章でみた中国の血祭を彷彿とさせる。

日本では血祭といえば、戦陣で血をもって軍神を祀る事例のみが紹介され、辞書類で農耕儀礼としての血祭に触れたものはない。ただ『広辞苑』第二版は、第二義に南九州などで狩りの獲物を得た時に肺臓《ふく》と心臓《まる》を山の神に捧げる〝ふくまる祭〟を挙げるが、『日本民俗大辞典』では、血祭のみならず〝ふくまる祭〟さえも立項されていない。

これらは、血の問題を凝視しない日本的常識を象徴するもので、あくまでも血祭は狩猟儀礼として理解されているにすぎない。しかし古代中国では、農耕儀礼としての血祭が重んじられており、これについて『大漢和辞典』は、第一義に『周礼』を引き、「犠牲の血を供えてまつること」とし、戦時の血祭を第二義としている点に留意すべきだろう。

なお松村は、なぜか東南アジア・東アジアの事例には言及していないが、日本の事例を考える際に、古代中国の血祭は重要な意味をもつ。ちなみに、こうした血祭は黄河文明の流れにある畑作文化のものであるが、長江文明の稲作文化においても、同様な血の儀礼が存在していたと考えられる。野獣であるシカの血を田地に撒くという儀礼が、弥生の水田稲作とともに到来した可能性が高いとみてよいだろう。

シカの血の民俗

むしろ『播磨国風土記』に登場したシカの血に関する民俗例としては、中部地方三河・信

池大神社の鹿追い神事（著者撮影）

濃・遠江の山間部に分布する花祭が知られる。この祭は奥天龍一帯では「しし祭」あるいは「ぶしゃ祭・しゃち祭」とも呼ばれ、射儀と豊作祈願の関係を彷彿させるもので、藁で作ったシカを射る行事が伝わっている［早川：一九三〇］。

　また信濃の下伊那郡天龍村大字向方大河内の池大神社では、毎年旧暦三月三日に鹿追い神事が行われる。この祭のクライマックスでは、シカを弓矢でしとめる所作の後に、予《あらかじ》め紙に包んで詰めておいたハラワタと称する御飯を、模造シカの腹から取り出し、万病に効くとして村人に配る。

　そして、この鹿打ちが終わると、三方《さんぽう》に盛って神前に供えておいた種籾《たねもみ》を、神種として結わえた鍬型を各家で借り受け、それぞれが神棚に供えて豊作を祈るための種取り鍬の行事が行われる。この種は収穫期に倍にして返すが、こうして神に捧げた神聖な種籾は、何よりも豊作をもたらすところとなろう。なお、この地では焼畑も盛んであったことから、さまざまな畑作物が作られており、最後には餅投げが行われるという［野本：一九八四］。

さらに奥天龍の振草村古戸にも、鹿追い神事が伝わり、同様に初午《はつうま》の種取りが行われている。民俗学者の早川孝太郎によれば、この神事では、赤い小豆飯を団子状にしたものと白米を入れた苞《つと》を、「さご」と称してシカの胎児に見立てる。さらに射礼《しゃれい》の後に、青杉の葉で作ったシカの腹を割って、先の苞を取り出し、白米を神社の土に混ぜ合わせたものを、五穀の種と呼んで村人に分配した、という［早川：一九三〇］。

ここでは、小豆飯とともにシカの腹から取り出した白米を、神社の土と混ぜ合わせて、これを五穀の種と呼んでいる点が興味深い。とくに振草村古戸の小豆飯の赤は、まさに『播磨国風土記』におけるシカの血の象徴であろう。しかも鹿打ち後に豊作を祈って神種が配られるという件《くだり》は、まさしく同書の記述を彷彿とさせるものといえよう。

これらの鹿追い神事は、まさに狩猟儀礼と農耕儀礼とが、みごとに一体化したもので、これに関しては、すでに犠牲を用いた播種祭あるいは田植祭の神話的表現だ、とする古代史研究者・横田健一の卓見がある［横田：一九六九］。そして、その源流は、おそらく弥生時代にまで遡ると考えられる。

これを物語るものとして有名な弥生の銅鐸絵画がある。兵庫県桜ヶ丘出土の弥生時代の銅鐸に、シカを射る図が描かれており、その横には立臼で脱穀をしていると思われる図が並んでいる。ほかにも伝香川県出土とされる銅鐸には、イノシシを射る図もあり、弥生人にとって、猪鹿の狩猟という行為自体が、重要なものとして意識されていたことが窺われる。

しかも銅鐸は、後には政治的勢力のシンボルともなるが、もともとは豊穣を祈る神器で、これらの銅鐸絵画は豊作祈願のためだと指摘されている［佐原：一九八二］。こうしてみると農耕のために、猪鹿、なかでもシカの狩猟が重要な儀礼であったと思われる。

なお弥生時代にシカへの信仰が強まるのは、牡鹿の角の成長が、稲のそれを思わせるためであろう。豊穣のシンボルとして、

銅鐸に描かれたシカを射る図。上：兵庫県桜ヶ丘出土　下：伝・香川県出土（『考古学論考』平凡社、1982年より）

狩猟獣のシカが供犠の対象になり、その狩猟が豊作祈願へと繋がったものとみてよいだろう。

なお最後に、やがて古墳時代になると、弥生時代のシカに代わって、イノシシの狩猟が重視されるようになる点を強調しておきたい。つまり五世紀後半から六世紀にかけて、古墳の墳丘に配置される形象埴輪には、さまざまな動物埴輪がみられるが、このうちにイノシシが多数出土しており、シカに加えてイノシシの重要性が認識されるようになり、その後の動物供犠に用いられるようになったものと思われる。

オビシャと農耕儀礼

狩猟と豊作祈願の問題について注目すべきは、オビシャ儀礼だろう。オビシャは正月の予祝《よしゅく》神事で、その年の豊作を予め年頭に祝うものである。これは歩射・武射・奉射などと呼ばれて、関東地方などの村々に広く残るほか、関西でも的射《まとい》・弓祈禱などと称される弓神事が、今日でも各地で行われている。これについては、『豊後国風土記』および『山城国風土記』逸文に、餅の的と呼ばれる伝承がある。

まず豊後国では速見郡田野の項に、「餅を作《も》ちて的と為しき。時に、餅、白き鳥と化《な》りて、発ちて南に飛びき。当年の間に、百姓死に絶え」とあり、多くの水田を開いて裕福だった農民たちが、餅を的として遊んだために、身を滅ぼしてしまったという。

千葉県流山市のオビシャ神事（著者撮影）

また山城国の場合は、逸文ではあるが、鳥部里の項において、「的の餅、鳥と化《な》りて、飛び去き居りき」とあるほか、伊奈利《いなり》社（稲荷社）の項にも「餅を用ちて的と為しかば、白き鳥と化《な》りて飛び翔《かけ》りて山の峰に居り、伊禰奈利生《いねなりお》いき」とあり、餅の的を射たために、稲が他の地に逃げてしまったとしている。

このほか『豊後国風土記』には、仲津郡中臣村の話として、鳥が餅になって、さらに芋となったという招福譚が紹介されている。

こうした餅の的について柳田国男は、福は飛び去ったり、もたらされたりするもので、これに的を射るという話が付加されたものと考え、破魔弓《はまゆみ》・破魔矢あるいは破魔射場《はまいば》などの例を挙げながら、射儀の重要性を強調した。そして、ある段階で的を射ることが罰を受けるとして、射儀に関わる儀式を止めてしまったのは「外国風」の考え方で、古くは的射の行事がきわめて神秘なものであったことを忘れてしまったのではないか、と理解した〔柳田：一九二五〕。

たしかに『日本書紀』には、射礼が朝廷の正月行事として催されたことが、しばしば登場するが、これらは『隋書』高祖伝の記述を承けたもので、天武期（六七三～八六）以降には、射礼の著しい中国化が進行したことを示している［大日方：一九九三］。

ただ中国では九月に行われるものであったが、日本では正月行事として固定されている点が重要だろう。これに関して『隋書』倭国伝は「毎《つね》に正月一日に至れば、必ず射戯・飲酒す」とし、日本は中国とは異なるとしている。これは日本古来の狩猟による農耕の予祝儀礼であるオビシャのことを記したものと考えられる。

柳田は、正月の射礼を、全国各地の豊富な事例を踏まえた上で、農耕儀礼だと解釈した［柳田：一九一六］。そしてオビシャを、農耕に先立ち年初に豊作を祈って、その年の吉凶を占うもので、ビシャは歩射つまり弓を射る義だと考えた。つまり柳田は、餅の的の話をオビシャとの関連で理解し、すでに『豊後国風土記』『山城国風土記』の成立段階では、その意義が忘れられていることを、「外国風」だと指摘したのである［柳田：一九二五］。

こうした柳田のオビシャを年占《としうら》のための射礼とする説に関し、最近、萩原法子は新しい見解を披瀝している［萩原：一九九三］。詳論は省くが、萩原によれば、オビシャの的に描かれる三本足のカラスとウサギを、太陽と月の表象とみなし、これを射日神話だとした。つまりオビシャは、新年に太陽と月という宇宙の運行を、射儀によっていったん断ち切り、新たに太陽を新生させることで、天候の順行を願い旱害や水害に備える正月行事だとした。また日本では、そのルーツは熊野信仰に求められるが、より広くみれば、オビシャの原型は、長江文明の稲作文化のなかで生まれたとしている［萩原：二〇〇六］。ただ初源には射日儀礼という側面があったにせよ、あくまでも日本では農耕儀礼と密接に結びついて、豊作を願う予祝儀礼として展開を遂げたという点が重要だろう。

そして萩原の長江文明ルーツ説が正しければ、日本のオビシャは、『隋書』高祖伝にみえるような北方中国の射礼とは、かなり性格を異にするものとなる。これは北方黄河漢字文明ではなく、むしろ南方長江稲作文明の流れを汲むことになり、おそらくは稲作文化とともに、予祝的な模擬狩猟の形をとるオビシャの原型が、弥生時代に伝播していたと考えられる。

第二節　生贄の存在

活かせておく牲

こうした文献などで確認される動物供犠の存在を踏まえて、次に少し角度を変え、生贄《いけにえ》・

胙《ひもろぎ》・祝《はふり》という言葉の問題から、それらの実態を検討してみよう。なお生贄については、いわゆる人身御供譚と混同されるが、ここでは動物供犠を扱う。

これについても柳田国男は、すでに明治末年に鳥獣の供犠を問題として、人身供犠や食人の痕跡とは別に、仏教の戒律による感化や、神道の血穢《けつえ》の忌みからも独立した形で、古くから連綿と続いた神事であることを立証している［柳田：一九一一］。

その後も柳田は「鹿の耳」でも、生贄の問題について触れ、魚鳥の生贄は数え切れぬほど多いが、獣を主とした例も少なくはなかったとして、「イケニエとは活かせておく牲である」ことを強調している［柳田：一九二七a］。ただ柳田は、生贄について、調査・研究の要ありとしながらも、その後は本格的に論ずることがなかった。むしろ、これを正面から取り上げたのは民俗学者の中山太郎で、駒込林二のペンネームで動物供犠の豊富な事例を紹介している［駒込：一九二五］。これについては、次章で具体的に扱うこととして、ここでは古辞書類に登場する生贄という語の検討を行いたい。

先の柳田の説を承けて、折口信夫は、「贄」は神および神に近い人が口にする食べ物で、「生」は活け飼いする意であり、「何時でも、神の贄に供える事の出来るように飼うて居る動物」として「植物性の贄と、区別する語」と規定した［折口：一九二四］。

この見解を発展させた古代文学研究者の西郷信綱は、「活かしておいたニヘを殺して神に捧げるのがイケニエの本義」と考えた〔西郷：一九七三〕。ところが、同じく古代文学を研究する吉田比呂子は、まず漢語の「犠牲」があり、その訓読として和語である「イケニエ」が成立し、これに「生贄」の語をあてたとしている〔吉田：二〇〇〇〕。つまり吉田は、日本古代には生贄は存在しなかったとする。しかしこうした見方、あるいはせいぜい生贄は魚介類であったとするのが一般的ではあるが、これらは誤りとしなければならない。

生贄と牲

たしかに上代にはイケニエの語がみえず、生贄という言葉が登場する史料のうちもっとも古いのは、延暦二三（八〇四）年成立の『皇太神宮儀式帳』で、次のようにある。

志摩国の神、堺に海に退入して、雑《くさぐさ》の貝物、満生の雑の御贄を漁《すなど》る、并びに志摩国の神戸《かんべ》百姓より進上の生贄、及び度会《わたらい》郡進上の贄、此の御笥作内人作、進上の御贄机に置く、忌《いみ》鍛冶内人作の奉りし御贄小刀を持ち切りて備え奉る。

これは伊勢皇大神宮の六月例祭に、志摩国の神戸百姓が生贄を捧げたとするもので、その生贄を供えるための御贄机と御贄小刀が準備されていることから、御贄も生贄も神前で調理される動物を指すが、この場合は伊勢と志摩との関係から魚介類とみてよいだろう。
そもそも日本では、数多くの諸書が公的記録として成立をみるのは、ほぼ八世紀のことで、それ以前の文字史料がきわめて少なく、文献的に生贄の語がみあたらないとしても、それがイケニエの実態が存在しなかったことにはならない。

もっとも早い古辞書類で、昌泰《しょうたい》年間（八九八〜九〇一）頃の成立とされる『新撰字鏡』天治本の牛部には「牲　所□反、平、犠牲」とあり、牲の音は平に近く犠牲を意味するとしている。さらに承平年間（九三一〜三八）の辞書『倭名類聚抄』一〇巻本では「犠牲　礼記に云く、祭礼に犠牲を供す〈二音は義生、論語の注に、牲は生にして餼を曰う、餼音は気、伊介邇倍《いけにへ》と訓ず〉」としているが、同書二〇巻本には、犠牲の項が欠落している。

これに関して、近世の考証学者・狩谷棭斎《えきさい》は、『倭名類聚抄』一〇巻本に詳細な注を加えた『箋注倭名類聚抄』を著したが、その注で『礼記』は『周礼』の誤りであるとした上で、同書の地官牧人の項には「凡そ祭祀には、其の犠牲を共にし」と記されている旨を指摘し、犠牲を「伊介邇倍《いけにへ》、生贄の義」としている。

さらに平安末期頃の成立の『類聚名義抄』観智院本には「贄　上至《（音）》　タカラ　ニヘ　ツト」「牲　上生《（音）》　イケニヘ　アサヤカナリ《（鮮）》」とみえ、両者の音読みを示すとともに、贄は苞に入れた供物であるが、牲は新鮮な活きた捧げものであったことを窺わせる。ちなみに『倭名類聚抄』二〇巻本によれば、「苞苴《つと》」は魚肉を包むもので、「於保邇倍《おほにへ》 俗に云う阿良万岐《あらまき》（荒巻）」とみえるところからも、保存された供物であったことがわかる。

これに対して、生贄は漢語の牲にあたるもので、「アサヤカナリ」つまり新鮮であることが重要で、まさに柳田が指摘したように「イケニエとは活かせておく牲」であったが、両者はしばしば混同されている。これに関しては、室町期の注釈書である『詩学大成抄』（米沢本影印版）の郊園門に次のようにある。

牲は、イケニエ（生贄）とよむぞ。神を祭にそなゆる（供）物をニエ（贄）と云ぞ。いきた（生）牛や羊をに（ひカ）いて廟《びよう》にまいりて後に、それをころ（殺）して肉をまいらするぞ。いきた（生）を廟に立にみせ（見）て、此をころし（殺）てまらすと云心か。ただ肉をそなえ（供）はふる（祝）、いな（否）に（似）たるきれはし（切端）で、かあるろうと云心か。

本書のような注釈書は抄物と呼ばれ、漢詩理解のための書という性格が強く、読みにくいところもあるが、ここでは牲という漢語について、和語の贄に相当し神のために供えるものという説明を行っている。先の『類聚名義抄』と同様の解説を加えたもので、しかも殺して供えることに重点がおかれることから、生贄の語義を適切に解説したものといえよう。

野獣の生贄

次に四足獣の生贄については、今治市の大山祇《おおやまつみ》神社の縁起を記した『伊予三島縁起』に、永観二（九八四）年三月二一日のこととして、聖空上人が、それまで毎日「鹿一頭」を供犠していたことを止めさせた旨がみえる。ここで、もっとも注目すべきは、生贄を止めて読経したところ、天から稲種が降り、これを用いた耕作が縁起作成段階まで続いているとする部分である。

これはシカの生贄よりも、経典の方が効力がより高いことを強調しているが、逆にもともとはシカの供犠が、農耕の豊穣を約束すると考えられていたことになる。この縁起は永和四（一三七八）年頃の成立とされるが、『三島宮御鎮座本縁』や正安元（一二九九）年の成立の『一遍聖絵』にも、ほぼ同様の記述があり、中世まで生贄が捧げられていたことを物語る。

いずれにしても、牲や生贄を神へ捧げるという行為は、古代にはかなり広汎に行われ、さらに中世・近世にまでも引き継がれた習俗であった。そうした動物供犠のあり方については、次章以下で詳しくみていくこととするが、ここでは生贄の内実を如実に物語る近世の事例を挙げておきたい。明治初年の『薩隅日地理纂考』によれば、大隅国贈於《その》郡襲山《そのやま》郷重久《しげひさ》村（現・鹿児島県国分市）にある止上《とがみ》神社には、次のような伝承が留められている。

贄《にえ》祭と云うあり、其は当社の酉の方数百歩に真魚板《まないた》という地あり。其所の田間に叢林ありて隼人《はやと》塚と云う。毎年正月十四日、里民初猟の獲物の肉を三十三本の串に貫き、地に挿立て牲とし、隼人が霊を祭る。又一説に隼人を誅せし時の故事を伝習すという。

これについては第四章第四節でも触れるが、ここには贄祭というものがあり、真魚板というところで行われる。そこの田んぼには隼人塚という藪があり、毎年正月一四日に里人が初めて獲った動物の肉を三三本の串に刺して牲とし、隼人の霊を祭る。これは一説に隼人が討たれた時の故事を伝えるものだとしている。

すでに近世末期の段階では、贄祭の由来がわからなくなっており、古代律令国家に最後の段階で帰順した隼人を持ち出して、この狩猟民的な動物供犠を説明している点が興味深い。真名板という地名は、紛れもなく生きた贄を解体したところで、その肉を三三本の串刺しにする贄殿的な場所と解釈することができる。これはおそらくイノシシであろうが、生きた贄を殺して神に供すという動物供犠は、実に古い時代から日本にも存在していたのである。

第三節　胙と動物供犠

神籬と胙

生贄に動物の肉を供えたことを物語る和語は「ひもろぎ」で、漢字をあてれば神籬あるいは胙（膰・脤）となる。現在では、胙は神に捧げる米や餅あるいは肉などを指すとされているが、偏である肉月が物語るように、原義は肉であった。字義通り神籬は、神を祀るための垣根で、神が降臨するための場所を指す。

『万葉集』巻一一の二六五七番には「神名火《かんなび》に神籬立てて斎《いわ》えども人の心は守り敢えずも」の歌があり、北村季吟は貞享四（一六八七）年刊の『万葉拾穂抄』で、次のような解釈を行っている。

かみなひにひもろき立て　見安（『万葉集見安』）云、ひもろきは玉かき也、愚案、ひもろき神秘とそ、仙（覚）曰、ひもろき胙《ヒモロキ》此字を書たり、神籬《ヒモロキ》と書たる事も有、先祖の廟を

まつるを云也、愚案、此歌は神南山に神籬《ヒモロキ》立て物いみしまつる

この歌の初句は、室町期の注釈書『万葉集見安（目安）』では、神籬とは玉垣のことだとするというが、季吟は神秘なるところの意としている。また鎌倉期の学僧・仙覚は、胙という字を書き、先祖の廟を祀る意味もあると述べている。おそらく、この歌は神南山に神籬を立てて潔斎した時のものだろうと推測している。

ここで季吟は、神籬は神を祀る場所としながらも、仙覚の説から先祖の廟という点にも注目している。そこで一三世紀中期の成立にかかる『万葉集仙覚抄』の該当部分をみれば、『史記』世家にみえる晋の献公と胙の話を紹介し、中国の先祖崇拝における廟への捧げ物を胙と称して、祭祀後に食するが、これにあたるのが神籬だとしている。

なお胙については、『史記』周本紀に「文武の胙を秦の孝公に致す」とあるのが初見で、『周礼』天官膳夫にも「凡そ王の祭祀賓客の食には、則ち王の胙俎《そそ》を徹す」などとあり、古代中国では、国家形成の初期段階から、祭祀の際に捧げられる肉を意味した。

そこで日本の事例をみれば、『新撰字鏡』天治本には「胙　在故反、神祭の余肉なり」とあり、胙は神の祭に用いられる肉と記されている。さらに『倭名類聚抄』一〇巻本・二〇巻本には「神籬　日本紀私記に云う、神籬〈俗に比保路岐《ひほろき》と云〉」とみえるが、胙に関する記述はみ

あたらない。

ただ天文一五（一五四六）年の書写とされる同書下総《しもうさ》本にのみは、「神籬」の末尾に「また胙と同じ」とあるが、狩谷棭斎は『箋注倭名類聚抄』で、これを元本にはなく後に書き込んだものとしている。棭斎は、胙と神籬とは、訓は同じであるが、あくまでも胙は祭肉を指し、両者の意味は異なると指摘している。

たしかに胙は、『倭名類聚抄』にはみえないが、一一世紀末期頃の成立で、鎌倉期に増補改変された『類聚名義抄』観智院本には「胙　在故反　ヒホロキ」とあり、一二世紀中期の成立で、鎌倉初期頃に増補された一〇巻本『伊呂波字類抄』にも「神籬　俗に用う　胙　已上同じ、─肉　大学式（『延喜式』）に云うヒホロキ」とみえ、少なくとも鎌倉期には、神籬と胙は同じとされていたことがわかる。

釈奠と胙

釈奠《せきてん》とは、古代中国で、先聖・先師を祀って、生贄を捧げたことをいうが、後には孔子とその門人を祀ることを指すようになった。日本における釈奠については、『続日本紀』大宝元（七〇一）年二月一四日条に、初めて行われたとする記事がある。その詳細については不明であるが、延長五（九二七）年の完成とされる『延喜式』大学寮釈奠には、次のような祭祀の次第が記されている。

三牲〈大鹿、小鹿、豕《いのこ》、各五臓を加う〉菟〈醢《かい》料〉……右、六衛府別に大鹿、小鹿、豕各一頭。祭に先じて一日にこれを進す、以て牲を充つ。……三牲及び菟を用るを停め、これの代りに魚を以てす。……大祝二人〈幣を授け祭文を読み福胙を賜う事を掌《つかさど》る〉……大祝斎郎を帥《ひき》い俎《まないた》を進む、跪《ひざまずき》て先聖及び先師首坐の前に三牲の胙肉を減《ひ》きて〈皆前脚の第二骨を取る〉、俎に加う。また籩《へん》を以て黍稷飯を取り、興じて胙肉を以て、各共に一俎の上に置き、また飯を以て共に一籩を置く。

すでに述べたように、釈奠は儒教のうちでももっとも重要な儀式である。日本でもすでに八世紀初頭から、古代律令国家の中枢で釈奠が催され、中国にならって胙を供した。中国では、供物にウシ・ヒツジ・ブタの三牲が用いられ、日本では、これらが大シカ・小シカ・イノシシに変化してはいるが、やはり「胙肉」は捧げている。

地方の例となるが、天平八（七三六）年の薩摩国正税《しようぜい》帳（正倉院文書『寧楽《なら》遺文　上』）に釈奠料として米のほかに「脯・鰒・雑腊」がみえる。近年では、周防国府と推定される場所近くの天田遺跡から「釈奠」の文字のある墨書土器が出土するほか［佐々木達也：二〇〇五］、出雲国府跡の土坑からは祭祀具とともに大シカの頭骨が出土しており、これは釈奠に用いられたと考えられている［松井：二〇〇三b］。

さらに釈奠に用いられる牲に関しては、『日本三代実録』仁和元（八八五）年一一月一〇日条に、三点にわたる興味深い記述がある。第一点は、延暦一二（七九三）年五月一一日の格を引用したもので、釈奠における犠牲の質を問題としている。釈奠の犠牲は新鮮でなければならないが、最近諸国から貢進されるものは腐臭が酷《ひど》く穢れている。これは釈奠の意義にふさわしくないので、今後は新鮮な肉を用いて、礼法に合わせるよう命じている。

第二点は犠牲の内容で、園祭や春日・大原野などの神祭の前に行う釈奠に限っては、新鮮なコイとフナつまり魚を用いよとしている。これは神祭への穢れを恐れたもので、日本ではシカとイノシシで代用としたどころか、魚を供物とすることも認められたのである。

最後の第三点は、三牲のほかにウサギの醢《かい》を供えるべきなのに、最近では先聖・先師つまり孔子と顔回《がんかい》以外には供えられていないことを問題視し、兎の乾肉からの製法を記して、その準備を怠らないよう指示している。

胙の変容

こうした釈奠について多角的な考察を加えた古代史研究者の弥永《いやなが》貞三は、日中の釈奠を比較して、二つの大きな相違点を挙げている［弥永：一九七二］。日本では、楽舞が簡略化されたことと、犠牲における「毛血豆《もうけつとう》」の欠落である。豆は中国の釁器《きんき》つまり犠牲の血を塗った器のことで、牲の毛と血を器に盛って捧げる儀礼が省かれた点が注目される。

弥永は、その理由を日本では祭祀に動物の犠牲を用いる習慣がなかったためとしているが、これは誤解としなければならない。本書で論証するように、狩猟による野獣の供犠はしばしば行われている。むしろ日本の釈奠における「毛血豆」の欠落は、牧畜文化と狩猟文化の相違から説明されるべきだろう。日本には牧畜という技術が移入されず、釈奠の正式な供物である家畜の調達が難しかったため、シカやイノシシといった野獣が供犠に用いられてきたのである。

もちろん、前項の初めに引用した『延喜式』大学寮の記事は、中国の釈奠にならったものであり、胙も中国からの移入であるとする見方もありえよう。しかし、その場合には、胙が神籬と同じ訓をもつこととの説明は難しくなる。すなわち古代日本では、野獣の肉を「ヒモロギ」と称して、神祭の場に供えられていたことは疑えず、当初は穢れとしては意識されていなかったのである。

しかも弥永によれば、日本の釈奠は、しだいに宴座すなわち宴会に重心がおかれるようになり、そこでは漢詩の作詠とともに、賜胙《しそ》・献胙《けんそ》が繰り返されたという。まさに貴族たちの釈奠の席においては、穢れの除去を重視する特定の神社祭祀と重ならない限り、堂々と獣肉が胙として食されていたのである。

ただ古代律令国家が、水田稲作の安定を目的として、天武天皇四（六七五）年の肉食禁止令（厳密には殺生禁断令）が発布されると、徐々に獣肉は穢れとみなされるようになり、やがては祭祀から遠ざけられて、胙の意味も変化していったという事情を考慮する必要がある［原田：一九九三］。

鎌倉期に僧・経覚が著した問答形式の辞書『名語記』には、「ヒホロケ如何、これは二季の神祭の膳をいえる歟《か》……かの供祭は、かしわの葉につゝめるをひろぐれば也」とあり、中世には胙の内容自体が判然としなくなるが、おそらく柏の葉に包んだのは獣肉で、古代においては、それが一般的であったとみなすべきだろう。

そして中世を通じて、肉食禁忌が社会的に浸透していった結果、しだいに神への供物のうちから獣肉は欠落し、胙は単なる供え物の食物の意となった。一七世紀初頭の『日葡辞書』には「Fimorogui　ヒモロギ（胙）　神（Cami）に供えた後で、神が食べ終わったものと見なし、その残り物として取り下げる食べ物」という解説が加えられているが、殺した野生獣の肉を神に捧げるというのが、日本における祭祀の本義だったのである。

第四節　祝と犠牲

屠と祝

動物の生命を奪って神に捧げるという行為は、かつては神聖なもので神主の重要な任務であったが、このことは今日では全く忘れられている。一般に屠は「ほふり」と読み、動物を殺すことを意味し、祝は「はふり」と読んで、賀に通じて寿《ことほ》ぎの意となり、祝子《はふりこ》・祝部《はふりべ》は神に仕える人を指す。

『日本書紀』神代のスサノオ八岐大蛇退治の草薙剣に関する部分に、「熱田の祝部の掌りまつる神是なり」とみえ、単なる祝ではなく祝部とあるのは、部民制に基づく用語で役務とすべきだろう。ちなみに熱田神社では、もともと尾張国造の尾張氏が、神主・祝を務めており、地方の有力者は神祭の重要な主人公であった。

また『日本書紀』仲哀天皇八年正月条には、筑紫出御《しゅつぎょ》で船が進まなかった時に、舵取りの伊賀彦なる人物を「以て祝として祭らしめた」とするほか、『常陸国風土記』行方《なめかた》郡条の夜刀《やと》の神の部分にも、「今より後、吾、神の祝と為りて、永代に敬い祭らむ」とあり、祭を行う者を祝と称していたことがわかる。

ちなみに『養老律令』職員令第二神祇官の項では、祝部は神祇伯の管轄下におかれており、『令義解《りょうのぎげ》』には、国司が神戸のうちから定めるが、場合によっては庶人でもよいとしており、中・下級の役人であったことが窺われる。ただ諏訪・日光・阿蘇など、とくに狩猟に深く関わる神社では、かなり重要な位置を占めていたことを指摘しておきたい。

こうした祝の性格について、幅広い視野を有していた歴史学者の喜田貞吉はさりげなくではあるが、きわめて重要な指摘を行っている。喜田は古代の祭祀と政治について触れた文章で、「祝即ち「ハフリ」は「ホフリ」の義で、犠牲たる動物を屠って神に供するから起った名であろう」と述べ〔喜田：一九二二〕、古代日本における動物供犠の存在を想定している。

ちなみに柳田国男は、「ホウリが上代にあったという祝のハフリと、同じ言葉の保存であることはほぼ確か」としながらも、屠りとの関係には全く言及していない〔柳田：一九四二〕。そこで文献史料をみれば、祝る（ハフル）という動詞が、殺すの義を有することは、『古事記』崇神天皇条に、「また其の軍士を斬り波布理《はふり》き。故、其の地（注：京都府相楽郡祝園）を号《なつ》けて波《は》布理曽能《ふりその》と謂う」とあることからも明らかだろう。

ただ『倭名類聚抄』一〇巻本には、「屠児　楊氏漢語抄に云く、屠児〈屠音は徒、訓は保布《ほふ》流《る》、屠児の和名は恵止利《えとり》〉殺生及び牛馬を屠し肉を販売する者なり」とあるが、一〇巻本を原本に近いとみなした狩谷棭斎は、「訓保布流屠児」の六字は二〇巻本系の版本のみで、他本にないとしている。

同書よりも古い『新撰字鏡』天治本には、「屠　侍奴反、平、刳也、壊也、割也、猟師也、屠児也」とあり、「ホフル」の訓はみえないが、ほかの部分で「剔　吐歴反、鮮骨なり、また天帝反、去りて猶鮮なり、剪髪なり、保夫留《ほふる》」とある。屠るの語は、刳《く》る・壊《こわ》す・割《さ》くなどの意味を有し、猟師や屠児の動物の解体という仕事に関わる。

さらに剔《えぐ》るには、骨を解体するの意もあり、新鮮な肉を提供するためには屠るという作業が必要であった。ここに「鮮」の文字が登場するのは、先に見た『類聚名義抄』に、牲を「イケニヘ　アサヤカナリ」とあったように、生贄には新鮮さが求められており、そのための行為こそが、まさに屠であったといえよう。

さらに平安末期の『色葉《いろは》字類抄』三巻本には「屠　ト　ホフル、肉鳥を切るなり」とみえるほか、『類従名義抄』観智院本に「殯」として「谷今正　必尹反　ハフル」などとみえることから、死者の埋葬の意にも用いられたことが窺われる。これらの古辞書類の検討から、祝るは「ハフル」「ホフル」と訓んで、屠るに通じて殺すの義を有するとともに、中世には動物を解体する行為を意味していたことが知られる。

そして『字鏡集』狩谷棭斎自筆校正本（国会本）には、「祝　宥文爰反、シウ、シク之六切シルシ、クハフ、イノル、シク、マサル、ハフリ、ハフル、ヲクル、イハフ、イタル」とあり、これに「断也、予也、寿也、織也」という注記が加えられている。つまり「祝」＝「イハフ」は、祈《いの》るであると同時に、断＝屠《はふる》の意味を有して、寿《ことほ》ぎ事や葬送《おくる》など、さまざまな祭儀に関係していたことが想像される。まさに屠と祝とは同義だったのである。

祝と土蜘蛛

これに関して西郷信綱は、祝が土蜘蛛《つちぐも》とも呼ばれていたことにも注目している〔西郷：一九七三〕。土蜘蛛とは、ヤマト政権に与《くみ》しない土着集団の蔑称であった。『日本書紀』神武即位前紀己未年二月条に「層富県《そほのあがた》の波哆《はた》丘岬《おかざき》に新城戸畔《にいきとべ》という者……和珥《わに》の坂下に居勢《こせ》祝……臍見《ほぞみ》の長柄丘岬に猪祝……此の三処の土蜘蛛」とみえ、こうした祝を称する地方の有力者たちが土蜘蛛と呼ばれていたことがわかる。これらはヤマト政権とは異なる系譜の集団で、古くは祝と称する人々が、猪鹿の供犠などに関わっていたものと思われる。

また祝は釈奠における胙の献供《けんく》にも関わり、先にも引いた『延喜式』大学寮では、大祝が斎《さい》郎《ろう》を率いて俎板《まないた》まで進み、孔子・顔回の座の前で跪いて三牲を殺し、前足の第二骨を取って、胙肉として捧げることの次第が詳細に記されている。また同書よりはるかに古い『日本書紀』

皇極紀（六四二〜四五年）において、村々の祝が動物供犠を指導していたことも重要であるが、これについては第五章第三節で改めて検討することとしたい。

こうした祝による贄の解体については、近世までも伝承されている。宝暦一一（一七六一）年に成った『房総志料』巻一には、坂戸明神の人身御供に関する話がある。

坂戸市場の人語りしは、坂戸明神、古は祭に人御贄を供す。一村相会し、鬮《くじ》を取り、贄の鬮を得たる人を、巫祝《ふしゆく》俎上に就て、屠刀を揮《ふるい》て截割するまねして神前に供すと。其人三年を待たずして必ず死すと。此俗いつとなく廃す。

ここでは人身御供の模擬が演じられるにすぎないが、まさに生贄を屠《はふ》り捌《さば》くのは巫祝《ふしゆく》の役割であったという点に注目する必要がある。これは古くから祝が動物供犠に深く関わってきたことの証左といえよう。

これまでみてきたように、祝と屠の訓が、もとは共に「ハフル」で、動物を解体することに意味があったことや、これに伴う贄や胙などの和語の存在から、祝とは犠牲を捧げる役割を負った人物で、その歴史は確実に古代律令国家以前の古儀を伝えるものと考えられる。しかも祝が土蜘蛛とみなされていたことは重要で、おそらくヤマト政権が成立するはるか以前から、日本では動物供犠が行われており、それはまさしく弥生時代にまで遡るものとみてよいだろう。

第四章　野獣の供犠と農耕

日本では、イノシシやシカが縄文時代から狩猟の対象とされており、動物祭祀が行われていた。しかし狩猟者が行う儀礼は、しとめた動物の一部を神に捧げるもので、これを供犠という概念で括ることは難しい。しかし弥生時代になって、本格的に農耕が始まると、豊作の祈りのために、動物の生命を奪う弥生的供犠が行われるようになった。これは稲作とともに伝わったもので、初めは日本でも家畜であるブタが用いられたが、やがてブタが欠落すると、イノシシやシカが供犠の主流となった。本章では、こうした弥生的供犠が、古代日本では一宮《いちのみや》社クラスの神社を中心に、各地で行われていたことを確認するとともに、縄文的動物祭祀が、農耕の定着とともに弥生的動物供犠へ展開していく過程を追求していきたい。

第一節　縄文的祭祀と弥生的供犠

狩猟と縄文的祭祀

日本の農耕については、弥生時代から始まるとする見解が、かつて考古学の主流を占めてきた。しかし近年では、住居址の土を水洗して当時の植物種子を浮かび上がらせるフローテーション法が開発され、これを詳細に検討することができる電子顕微鏡の普及によって、縄文時代における農耕の存在を認めざるをえなくなってきた［佐々木高明他編：一九八八］。さらに縄文中期には、水田こそ伴わないものの、一部では明らかに稲作が行われていたことが指摘されている［高橋：一九九七］。

ただ縄文時代における農耕の社会的位置づけについては慎重な検討が必要で、それは主流とはなりえず、補助的な段階にとどまったとすべきであろう。あくまでも主要な食料は、木の実などの植物に頼っていたが、やはり動物食のための狩猟のもつ意味は大きかったとしなければなるまい。この場合、縄文時代に動物供犠が存在したかどうかが問題となる。例えば国文学者の三浦佑之は、縄文には動物供犠は行われず、それは弥生以降に始まったという見解を提示している［三浦：一九九二］。

三浦は、縄文的な狩猟採集民の間では、動物に対する感覚が今日とは異なり、同一レベルの倫理のなかで生きてきた。つまり人間と動物の間に抗争はあっても、同じように自然のなかでともに生きる存在として捉えていた。ところが弥生時代になって、農耕が始まり自然をコントロールする生業が主流になると、自然と激しく対立する新たな文化を獲得するに至ったとする。

これはドイツの民族学者アドルフ＝イェンゼンの理論を下敷きにしている。農耕という自然観を手にする過程で、死と再生という観念が芽生えたと考えたイェンゼンは、生命がいったん死ぬことで植物が再生を始めるところから、農耕のために〝女神殺し〟という供犠が始まったとする［イェンゼン：一九七七］。

そこで、縄文的な狩猟民が動物をどのように扱ったのかを、考古学的な資料でみれば、すでに縄文早期から、動物骨を意図的に埋葬している事例がある。考古学者の松井章によれば、縄文前期初頭に属する北海道東釧路貝塚では、イルカの頭骨六〜八頭分が放射状に配置されており、同じく前期の石川県真脇《まわき》遺跡でも、イルカの頭骨数頭分が並列あるいは扇状に埋葬されている。さらに縄文晩期前半の事例となるが、静岡県井戸川遺跡では、クジラの椎骨のほかイルカ・シカ・イノシシの頭骨も整然と配置されていたという［松井：二〇〇三ａ］。

これらは、埋葬にあたって頭骨を重視しているところに注目する必要がある。すなわち動物を丁寧に送る儀礼と考えるべきで、後に述べるようなアイヌの人々や狩猟民の民俗儀礼などから、さらなる動物捕獲を願うための祭祀とみなすことができる。そして縄文中期には、東日本の貝塚でイノシシの幼獣などを埋葬している例がみられる。考古学研究者の嶋崎弘之によれば、千葉市賀曾利貝塚や東京都東久留米市の小山台貝塚などで、イノシシの幼獣が頭骨を伴わない形で出土している［嶋崎：一九八〇］。

ただ、こうした縄文の動物祭祀を思わせる遺構は、全国でも一〇例程度で海岸部の貝塚に偏っており、全体的には少ないことが指摘されている［西本：一九九五］。しかし、だからといって縄文時代における動物の祭祀が稀であったことにはならない。もともと縄文時代は一万年以上に及び、とくに遺跡は台地部に多い。それゆえ、そうした地形条件下では、海岸部とは異なって、酸性土壌に弱い動物骨が分解されてしまうため、それらが残る確率はきわめて低くなるという事情も考慮すべきだろう。

いずれにしても縄文時代にも、動物の遺体が捧げられたが、それはわざわざ動物の生命を奪った上で祈願を行うという性格のものではなく、苦心して得た獲物を食した後に、その一部を、さらなる豊猟を願って神に感謝を捧げるにすぎない。つまり動物の殺害自体に意味があるのではなく、動物そのものを食料とできたことに対する感謝に近い。農耕のために生命を捧げる動物供犠の範疇に括るよりも、より多くの獲物を期待する動物祭祀とみなすべきである。

本書では、こうした動物祭祀を供犠の概念には含めず、縄文的祭祀と呼ぶこととする。ちなみにアイヌ民族のイヨマンテは、たしかにクマの生命を奪うが、それまでは長い時間をかけて大切に育て、しかも乳を与えて面倒をみる役割の女性までいる。あくまでもクマの霊を丁寧に元の世界に送り帰すところに、この祭祀の意義がある。

これは縄文的祭祀の延長線上に位置するもので、農耕民的な動物供犠とは位相を異にする。イヨマンテには、狩猟民特有の霊送りという観念が強く、神への供物という範疇には入らない。もちろんアイヌの人々も農耕は行っていたが、主要な生産ではありえなかった。彼らは農耕という目的のために動物を殺すのではなく、生きる糧となってくれる動物への鎮魂として、その霊を丁寧にクマの世界に送り帰すにすぎない。

農耕と弥生的供犠

ところが水田稲作を中心とした農耕が本格化した弥生時代になると、縄文的な動物祭祀とは異なる動物供犠が始まる。例えば、イノシシもしくはブタの下顎骨の一部に孔をあけて、これを棒や縄に通して懸架したらしい遺物が急増する。これは明らかに、動物に対する鎮魂ではありえず、動物そのものの生命を利用する祭祀を行ったことを意味する。

すなわち積極的な意味をもった動物供犠が、農耕の展開に伴って盛んに行われるようになる。奈良県奈良盆地中央部の唐古《からこ》遺跡や、佐賀県唐津市の菜畑遺跡からも穿孔を伴う下顎骨が出土しており、これらは稲作農具や水田址を伴うもので、明らかに水田稲作に関わるような供犠が、弥生のかなり早い段階から始まったことが指摘されている［西本：一九九五、松井：二〇〇三a］。

さらに考古学者の西本豊弘は、こうした弥生時代の遺跡群から出土するイノシシは、頭蓋骨の特徴や歯槽膿漏にかかった歯骨などから、その多くがブタであるとみなした。しかも縄文のイノシシの下顎骨には孔があいたものは一例もなく、弥生時代になって下顎枝などを吊るす新たな動物供犠が始まったと判断し、これを大陸からの移入としている［西本：一九九一a・b・九五・二〇〇八］。

ただ考古遺物からだけでは、弥生における供犠の実態はわからない。穿孔を伴った下顎骨は、遺物そのものから供犠が行われたことのわかる事例ではあるが、考古資料は具体的な内容を語ってはくれない。ただ、これに関しては、シカの血を稲作に用いたという『風土記』の記事や、予祝として模擬狩猟を行うオビシャなどの民俗事例を想起する必要があろう。

さらに本書では省いたが、卜骨・刻骨にシカやイノシシの骨を用いて、農耕の豊凶を占ったことも、動物供犠の存在を例証するものとなろう。こうした文献・民俗・考古の諸資料をトータルに考えれば、弥生時代に入って新たに、農耕を目的として生命を捧げる動物供犠が、日本列島でも始まったと考えて間違いあるまい。

先にも述べたように、すでに弥生初期にはブタの飼育が始まり、これを供犠に用いてきたが、日本では家畜飼育が発達をみず、代わりにシカやイノシシという狩猟獣が供犠の対象とされた。もともと肉（宍）の訓読みはシシで、イノシシ（猪）・カノシシ（鹿）・カモシシ（アオシシ＝羚羊）が重要な食用であった。このため狩猟で得た貴重な猪鹿を農耕儀礼に捧げるようになった。

なお日本でブタの飼育が欠落したことは、東アジア・東南アジアの歴史のなかでも重要な問題であるが、これは日本における異様な稲作への集中の結果と考えられる。これに関しては、かつて日本古代に、肉を食べることが稲作の障害になると考えられていたため、古代国家が肉食を禁じたことを論じたことがある。詳しくは拙著を参照されたいが［原田：一九九三］、その段階では、肉食が稲の生長を阻害するという観念の由来を明確にすることができなかった。

これについては、その後、宇野円空の大著『マライシアに於ける稲米儀礼』の分析を通じて、次のような結論を得た［原田：二〇〇〇］。宇野は、マレーシア半島を中心に、稲作に関わる民俗について四九一例の収集と分析を行ったが［宇野：一九四一］、このうち稲作の開墾・播種・雨乞い・豊作祈願の際に、動物の肉や血を捧げるケースをみていくと、一一四の事例を数えることができる。

もともと稲は繊細な植物で、微妙な生育条件を必要とするところから、さまざまなタブーが設けられた。その儀礼においてはほとんどに肉や血の供犠を伴うが、逆に、これらを遠ざけるべきだとするものが一四例ほどある。すなわち東南アジアの稲作地帯にも、肉や血が稲作の障害になるというタブーが存在していたことになる。

これと同様のタブーが日本にも存在したことから、それが第五章第四節でもみるように、『魏志』倭人伝の、忌みなどに際して日本人は肉を食べない、という記述となって表現されたものと考えられる。そして、こうした観念を古代国家の支配者層が受け継ぎ、天武天皇四(六七五)年の殺生禁断令となった、とする解釈が成り立つだろう。かつては、仏教の不殺生戒が、肉食を禁じたとする説が一般的であったが、稲作の豊穣を目的としたところに、この殺生禁断令のもっとも重要な意義があったのである〔原田:一九九三〕。

しかし、肉食が稲作の障害になるという論理は、古代国家上層における一部の認識にすぎず、日本でも社会の基層においては、マレーシアなどでも一般的であったように、動物の供犠が豊作をもたらすという観念が浸透していた。それが『播磨国風土記』におけるシカの血などの記述となって現れたとすべきであろう。しかし古代国家の方針は徹底したもので、表面的に文献上では動物供犠が影をひそめていく。

それゆえ弥生時代に稲作とともに始まった動物供犠の実態は、きわめて見えにくいものとなったが、丁寧に文献や民俗事例・考古遺物などから検証していけば、その実像を復原することは可能と考える。なお弥生的供犠の対象となったのは、猪鹿という野獣であったが、その後に大陸から移入した牛馬という家畜の供犠も行われるようになる。本書では両者を峻別しつつ、日本における動物供犠の実態を検討していくが、まず本章では野獣の場合からみていきたいと思う。

第二節　日光山・諏訪・阿蘇の狩猟祭祀

日光山とシカの贄

古代国家の殺生禁断令以降、肉食は穢れとみなされるようになり、中世を通じて狩猟は衰退に向かう。しかし近世に入ってからも、林羅山が正保二（一六四五）年刊行した『本朝神社考』に「信州の諏訪、下野宇都宮（日光二荒山《ふたあらさん》）、専ら狩猟して鳥獣を供す」と記したように、諏訪神社と宇都宮（日光）二荒山の二社は狩猟神として信仰されていた。

このほか九州の阿蘇神社も狩猟と関連の深い神社であり、古くから狩猟神事が営まれてきた。まず、そうした狩猟関係の神社に残る関係史料からみていき、狩猟祭祀の性格とその変容について明らかにしていきたい。なお下野の二荒山に関しては、宇都宮二荒山と日光二荒山の間に複雑・微妙な関係があり、史料的な混同も認められるが、ここでは古くは同一のものとして扱っていきたい。

まず日光派マタギの万次万三郎（盤次盤三郎）伝説などとの関連から、狩猟神としての日光二荒山の問題からみていこう。室町後期頃に成立した『日光山縁起』には、「中将（注：狩り好きの架空の主人公・有宇中将）は先生（注：前生）に二荒山の猟士なり。かれが母、子をやしなわんために山に入、爪木をとり菓を拾《ひろい》けり。猟士は鹿をからんために山に入ぬ」とあり、狩猟・採集を基本としつつ、日光山に生きる人々の生活が描かれている。

この話は、猟師が母をシカと間違えて射てしまったというもので、殺生罪業観の立場を受容しつつも、日光山が狩猟神として、猟師たちの生活を支えたことを強調している。そして、その習俗として「結縁のためには、あるいは是を贄にかけ、あるいはこれを胙《ひもろぎ》にそなう」として、シカを贄や、胙として供えていたことが窺われる。

また一四世紀初頭の『拾菓集』に収められた早歌《そうか》「宇都宮叢祠霊瑞《うつのみやそうしれいずい》」に「猟夫が忠節の恩を憐て……鈴倉に其しるしをなす野の男鹿の贄も、故有なる物をな」とみえ、猟師の祭祀に牡鹿の贄が用いられていた。さらに文明一六（一四八四）年の成立という『宇都宮大明神代々奇瑞之事』にも「生贄に掛けられ……生贄の狩料所に充て置かる」とある。

いずれにしても、こうした日光山における動物祭祀については、生贄もしくは胙という語は登場するが、これは記録者の認識を示すものと判断される。いずれも主人公は猟師で、農耕とは無関係であることから、あくまでも狩猟を目的とする供物であった。獲った動物の一部を狩猟神に捧げたもので、これは縄文的祭祀の系譜を引くものとすべきだろう。

承久元（一二一九）年頃の成立とされる『続古事談』巻四にも、下野二荒山の記述があり、「宇都宮は権現の別宮也。狩人、鹿の頭を供祭物にすとぞ」とみえるが、これは猟師が獲った鹿の頭を供物としたにすぎない。ちなみに、日光二荒山神社の弥生祭では、近年まで毎年、男体山で新しく射止められた牡鹿の毛皮の上に太刀を載せて神前に供したという［飯田：一九六〇］。

これら二荒山関係の縁起からは、こうした儀礼に農耕儀礼的な要素を認めにくい。もともと日光山付近には、標高二〇〇〇メートルを優に超える山々が連なり、現在の中禅寺湖畔の中宮祠一帯は一二〇〇メートル以上の地で、年平均気温は摂氏七度弱に過ぎず、農耕には適しなかった。

なお『続古事談』には、日光山麓の四方には検田を行わない一〇〇〇町の田代があるとしているが、これは京都の貴族である著者の農耕に偏った見方で、水田中心史観に毒された誇張とすべきだろう。そもそも明治初年でさえ、山下にあたる東照宮付近でも田地はみあたらず畑地と林野のみであったことからも、農耕儀礼との関連は考えにくい。まさに狩猟を旨とした土地の神が下野二荒山で、そこに供えられたのは、あくまでも獲物の一部であり、縄文的な動物祭祀とみなすべきだろう。

諏訪の御頭祭

諏訪大社はもっとも古い神社の一つで、とくに中世に、北条氏の所領を中心として各地に勧《かん》請《じょう》され、末社は全国で約二万五〇〇〇社に上る。狩猟神事であった御射山祭《みさやまさい》のほか、蛙狩神事《かわずがりのしんじ》など奇祭が多く、上社前宮では四月一五日に御頭祭《おんとうさい》が行われ、シカの首が供えられる。むしろ山地が全体の七〇パーセントを占める日本列島では、古くから狩猟活動が盛んだったことから、諏訪の信仰は全国的な展開を見たのだと考えられる。

ただ諏訪盆地は、標高七五〇〜九〇〇メートルほどで、比較的冷涼ではあるが、夏場の日中には最高気温は摂氏三〇度前後にも達し、農耕が可能な地域であった。それゆえ諏訪大社の祭祀は、後には農耕との関連を深めるところとなるが、歴史的には狩猟の神で、もともとは縄文的な動物祭祀が行われていたと考えられる。

室町初期と推定される『年内神事次第旧記』のほぼ冒頭の部分に「鹿なくては御神事はすべからず候」とあり、シカの生贄が神事に必要不可欠であった。これに関しては、近世の旅行家

上は諏訪大社上社前宮の御頭祭（著者撮影）
下は菅江真澄『粉本稿』に載る御頭祭スケッチ

で博物学者の菅江真澄は、天明四（一七八四）年三月六日、諏訪大社に出向いて御頭祭を見学し、その記録を『すわの海』に残した。

前宮という処に十間の直会殿ありて、鹿の頭七十五、真名板のうえにならぶ。……上下きたる男二人ものゝ肉をまな板にすえてもていづる。

このほかにも「しら鷺、しろうさぎ、きゞす、山鳥、鯉、鮒《ふな》いろ〳〵のしゝむら」なども供えられている。現在では、シカ頭は剝製となり、その数も六〜七頭にすぎないが、七五頭というのは壮観であっただろう。このほかさまざまな鳥獣魚類が献供されるが、これについて真澄が、『粉本稿《ふんぽんこう》』に生々しいスケッチを描いている。

また延文元（一三五六）年の年紀を有する『諏訪大明神絵詞』にも、「神殿神原廊にして神事饗膳あり。禽獣の高もり、魚類の調味美を尽す」と記されているが、まさに真澄の記録は、中世における御頭祭の描写に近いものと思われる。こうした種々の鳥獣魚類を神に供えた後の下し物から、諏訪の御頭祭における動物祭祀の盛大さが窺われる。

実は、この時期には、後にも述べるように、諏訪の儀礼にも農耕の要素が加わっているが、基本的に諏訪大社の御頭祭は、日本の古代から中世にかけての祭儀の原型を、もっとも大規模な形で伝えるものといえよう。

阿蘇の下野狩り

さらに古くは西南日本を代表する狩猟神であった阿蘇神社は、諏訪と同様に、後には農耕と結びつくが、ここもかつては狩猟神事が本義であった。神社が位置する外輪山内部のカルデラは、平坦な地形を有し、しかも湧水にも恵まれる農耕に適した土地であるが、一二〇〇〜一五〇〇メートル級の阿蘇五山などの山間部においては、降霜もみられることから、そこでは狩猟活動が重要な位置を占めていた。

阿蘇神社は、神八《かむや》井《い》耳《みみ》命の子で、神武天皇の孫にあたる健磐龍《たけいわたつ》命を祀るが、寛正三（一四六二）年の写本という『阿蘇大明神流記』の注釈には、「彼舞官《まいかん》の御宿□は鷹山也、猟計《ばかり》して百年御送候也」とある。神武天皇と母を同じくする舞官は、阿蘇権現の叔父とされるが、彼は鷹山に宿って狩猟を行い一〇〇年を過ごしたと伝えることからも、この地では狩猟がもっとも重要な生産活動であったことが窺われる。

そして中世の阿蘇社は、二〇〇〇人以上にも及ぶ勢子《せこ》を動員したという著名な下野狩《しもののか》りが行われた。近世の史料ではあるが、享保一三（一七二八）年の『新編肥後国志草稿』をもとに編集された『肥後国誌』阿蘇郡狩尾村下野狩場の項には、大宮司以下神官たちが正装して猪鹿を狩り、それを神前に供したという描写がある。

さらに中世の史料としては、一五世紀末の「延徳三年之記」の内題を有する『下野狩集説秘録』が伝わる。ここでは神武天皇二二年正月二〇日に狩りが行われ、二月に初贄を捧げたとする記事から始まり、「狩祭之次第」として「猟神達たかま（高天）か原より天下給」とみえ、高天原から狩猟神が降臨し、神武天皇も狩猟と密接な関係にあったとしている。

さらに同書には「直口《なおぐち》と中所は、しゝをおろす所なり」とある。猪鹿を直口というところで解体して肉を取り、それをいったんは狩神に祀る。そして後に、改めて大明神に供えることから、その肉を直ちに絎縫《くけぬ》いして、再び獣皮の形に整えるという作業を行っている。しかも狩りの後には、この直口で「こゝにて三こんにて候、猪鹿内物にて候」として猪鹿の内臓を、おそらく煮て食していることが窺われる。

ちなみに近世の『太宰管内志』肥後之三「健磐龍命神社」の項には、「野に火をかけ焼狩をなす、大宮司射とゝむる所の猪鹿を、北ノ宮の鳥居の側の木にかけて供す。贄かけの木といいて今にあり」とみえ、ここではいわゆる焼狩りが行われていたことがわかる。

ただ完全な山岳地帯である日光を除けば、諏訪も阿蘇も、かつての狩猟の伝統を根強く残している。しかし、こうした動物祭祀は、中世を経るなかで、農耕儀礼との融合が進行し、猪鹿を用いた弥生的供犠への変身を遂げるが、これについては、次節で改めて論ずることとしたい。

狩猟の論理

これまでみてきたように、日光山あるいは宇都宮、そして諏訪や阿蘇では、その初源において狩猟がもっとも重要な生産活動であった。しかも、これらはいずれも一宮社で、阿蘇では国造を務めた阿蘇氏が祭祀権を握っていたほか、諏訪でも諏訪氏・金刺《かなざし》氏など旧国造クラスと推定される地方の有力豪族が最高位たる大祝を務めた。

また祝《はふり》の名称がその後も残る熱田神宮も、かつて国造であった尾張氏がその任にあった。また三河一宮社であった菟足《うたり》神社も、後に触れるように狩猟の痕跡を残すが、これも東三河のかつての国造と伝える菟上足尼命《うなかみのすくねのみこと》を祭神とする。こうした事実は、古代律令国家の中枢部を別とすれば、地方のトップレベルにおいては、狩猟の占める比重がかなり高かったことを物語っている。

しかし国家レベルでの米志向が強まり、中世以降に殺生忌避が厳しくなるなかで、こうした地方の伝統的な大神社も、新たな対応に迫られた。例えば日光山では、畿内の神社にならって物忌令を設け、鹿食を二一日の穢れと定めた。本来なら狩猟神としての自らの存在を揺るがす規定であるが、他社が鹿食の穢れを一〇〇日近くとしたことに較べれば、はるかにゆるいものであった［原田：一九九三］。

また阿蘇でも、先にみた『下野狩集説秘録』には、馬場での精進に際しても「魚鳥猪鹿ハくるしからず候」としたほか、下野狩りの精進に関しても肉食はかまわないとしている。あえて精進が問題となっている点も注目されるが、やはり狩猟を背景とする神社だけに、肉食の穢れについては寛容な態度で臨んだ。

さらに御頭祭が行われる諏訪の上社では、先にも触れたように鹿食免《かじきめん》というお札とお箸を発行している。つまり、これがあれば鹿肉を食べてもよいとする方便を与えたのである。こうした鹿食免のシステムは、肉食禁忌が最高潮に達した近世に入って成立をみたものであるが、すでに中世には、諏訪の託宣として「業の尽きたる有情《うじょう》は、放つと雖《いえど》も生きず、故に人身に宿して、同じく仏果を証せよ」という教えを考案した。つまり業の尽きた鳥獣魚類は、人の食料となることで仏教の道に適うとする論理である。

これは南北朝期に成立した『神道集』「酒肉等を神前に備うる事」のほか、しばしば狩猟関係の文書などに登場する。「山川草木悉皆成仏」という天台本覚《ほんがく》思想に裏付けられたものではあるが、こうした教義は、それ以前の神道にもあり、生きとし生けるものすべてに命が宿るという神道的土壌が先行していたと考えられている［上田：一九六七］。

これは狩猟動物の生命を尊重し、それを祭祀の対象とするような成熟した狩猟文化が、古代日本の社会に根付いており、それを最澄などの仏教者が重視していたことを物語っている。つまり古代律令国家の米の志向を背景とする殺生罪業観が展開するなかでも、狩猟生活を正当化するような強靭な論理が、逆に彼らによって編み出されたことになろう。

動物たちが生きる森や山を守護する山の神に、畏敬と今後の期待をこめて、獲物の一部を捧げるのは、きわめて自然な成り行きで、これは供犠の範疇には含まれない。現在でも狩猟者たちは、獲物が獲れると、その一部の心臓・肺臓や肉などを山の神に捧げて感謝の意を表す［堀田：一九六六］。こうした縄文的系譜を引く動物の祭祀は、狩猟・採集活動を基本とする人々の間では、弥生以降においても長く行われてきたのである。

第三節　弥生的供犠の進展

菟足神社の風祭

ところが事情は単純ではなく、これまでみてきたような狩猟のための縄文的祭祀が、その後における農耕の進展に伴い、猪鹿の生命を捧げる弥生的供犠へと変身を遂げるようになる。これを生贄の議論にしばしば登場する『今昔物語集』巻一九―二の「参河守《みかわのかみ》大江定基出家語《しゅつけのこと》」の場合でみてみよう。

其国にして国の者共風祭と云事をして、猪を捕《とり》、生け乍《ながら》を下《おろ》してけるを見て、弥《いよい》よ道心を発して、速《すみやか》に此の国を去なむと思う心付《つき》て、亦《また》雉を生け乍ら捕て人の持来れるを、……揃《き》り畢《おわり》てつれば、下せけるに、刀に随て血つら〳〵と出来《いでき》けるを、刀を打巾《うちはら》い打巾い下しければ、奇異《あさまし》く難堪《たえがたげ》気なる音を出して死に畢《おわん》にければ……守、其の日の内に国府を出て京に上りにけり。道心堅く発《おこり》にければ、髻《もとどり》を切て法師と成《なり》にけり。……此《かか》る希有《けう》の事共をして見ける也けり。

この話は、歌人として知られた大江定基が、任地・三河の国で、愛する女性を亡くして出家を考えていたところ、生きたイノシシを殺して祀る風祭という儀式を見て、ますます道心を強く固め、京に戻って念願の僧になったという筋書きである。

これは『宇治拾遺物語』巻四―七にも登場し、同書では明確にこれを「いけにへ」と記している。この話は『発心集』や『今鏡』にもみえ、広く知られるところであった。仏教説話として動物供犠の残酷さを強調したものであるが、少なくとも一二世紀前半には、農耕のための風祭でこうしたイノシシの供犠が行われたことを物語る。しかし同時にいかにも地方の蛮風であ

菟足神社本殿（著者撮影）

ることが強調されており、そうした動物供犠が、平安後期には、きわめて好ましからざるものとみなされていたことを意味する。

この風祭について中世史研究者の戸田芳実は、諏訪大社の大祝が「風祝《かぜのはふり》」となって行う風神・山神を祀った農耕神事とみなし、一宮社クラスでの大祭と推定している。［戸田：一九九一］。これを近世後期の『参河国官社考集説』では、小坂井村（愛知県豊川市）の菟足神社のこととし、毎年風祭は四月一一日に行われ、かつては猪鹿を献じた旨を記している。

こうしたことから、これは三河一宮社である菟足神社と判断されるが、同社は、狩猟に適した山間部ではなく、現在では一面に水田の広がる豊橋平野中央の低地部に位置する。

地形的にみても、この祭祀が狩猟のためと考えることはできず、農耕を目的とした弥生的動物供犠であったとすべきだろう。

風祭の系譜

ちなみに風祭は、現在では毎年二百十日前後に行われ、収穫前の台風による農作物被害を避けるための農耕儀礼とされているが、かつては春に行われていた。諏訪の風祭は古くから有名で、都の歌人たちの歌材とされていた。

保元（一一五六～五九）年間成立の『袋草紙』「風のはふり」には、平安歌壇の中心人物であった源俊頼《みなもとのとしより》の「信濃なる木曾路の桜咲きにけり風のはふりに透間あらすな」という歌が紹介され、「しなの〻国は極て風早《はやき》所也。仍《すなわ》ち諏訪明神社風祝と云者を置て、是を春始に深く物に籠居、祝、百日之間尊重する也。然れば其年凡そ風静にして農業の為に吉也」とある。

俊頼の「風のはふり」の歌に関して、信濃国はきわめて風の強いところであるから、諏訪神社では風祝という者をおいて、春の初めに一〇〇日間厳格に籠もらせるとしている。そうすれば、その年の風は静かになって農業に有利になるという解説を加えている。

ここでは動物供犠の有無は不明だが、「祝」の語を伴っており、かつては農耕のために猪鹿などを捧げることが、風祭の原型であったと想像される。

また風の神を祀る奈良の龍田大社も、水田稲作を推進した古代律令国家の下で、特別な祈願の対象とされてきた。その祭神は、一説には風の神である信濃の級長津彦《しながつひこ》命と級長戸辺《しながとべ》命のこととする。そして、この龍田大社を勧請した奈良県生駒郡斑鳩町龍田の龍田神社に関しては、近世における民俗調査の一環をなす『大和国高取領風俗問状答』に、正月一五日にウシの皮を献じ、これを被った人が町中を回った上で、その皮を餅的《もちまと》のように見立てて、これを射るという記事がある。

これは時期的にもオビシャを彷彿とさせるもので、詳論は省くが、古くは猪鹿を用いた弥生的供犠の一種であったと思われる。さらに龍田大社も、『延喜式』段階では「毛の柔物・荒物」を祝詞《のりと》に読み込み、これを用いた祭祀を「神主・祝部等」に命じており、かつては風祭に動物供犠が伴っていたと考えてよいだろう。

さらに九州の阿蘇神社の風祭についても、室町期の『阿蘇社年中神事次第写』には、四月四日の神事として「風逐之御祭　法燈風之祝」とある。獣肉類の献供を窺わせる記述はないが、その饗膳には「泉八ヶ村之狩人八人」が着座し、「風祝」の主宰であることから、狩猟の祭祀に農耕儀礼が結びついたもので、この段階ではすでに弥生的動物供犠へと性格が変化していることが窺われる。

諏訪と農耕

こうして縄文的な動物祭祀が、農耕の国家的浸透に伴い、中世には農耕儀礼へと変身していたことは、諏訪大社の事例に顕著にみられる。室町初期の『諏訪大明神絵詞』によれば、七月二六日から三〇日にかけて、御狩を伴う御射山《みさやま》祭が、秋祭として盛大に催されていたことがわかる。ちなみに御射山は、諏訪明神の御狩り場とされる。

このほか五月の押立御狩・六月の御作田《みさくだ》御狩・九月の秋穂御狩などの狩猟神事も、しばしば行われたが、これらは御狩といっても、いずれも模擬狩猟で象徴儀礼にすぎない上に、「御作田」「秋穂」の語に明らかなように、農耕儀礼的な側面が強く窺われる。

とくに『諏訪大明神絵詞』では、御作田御狩の項に「田植、藤嶋社の前にして此儀あり。……雅楽に農具を帯して田かえす。……巫女をさうとめ（早乙女）とす」と記されるほか、御射山の八月一日には「今日御作田の熟稲を奉献す。……又鋤鍬を作りて、彼童部にあたえ、東作の業を表す」とみえ、農耕儀礼としての要素が前面に押し出されている。

ちなみに御作田社田植神事を行う諏訪下社《しもしゃ》は、春宮《はるみや》・秋宮《あきみや》を擁し、狩猟神的性格が濃い上社《かみしゃ》に対して、もともと農耕との深い関係が窺われる。しかし上社前宮《まえみや》の御頭祭も、御射山祭と同様に、五穀豊穣を祈るものへと変化していった。現在の御頭祭では、ミシャグジ神という地母神を耕作前に迎えて豊作祈願を行っているほか、御射山祭でも五穀豊穣が祈られており、農耕神としての性格が強まっている。ちなみに現在も諏訪大社では、先にみた上社の鹿食免に対して、下社は稲作の豊穣を願う御作田神符を販売している。

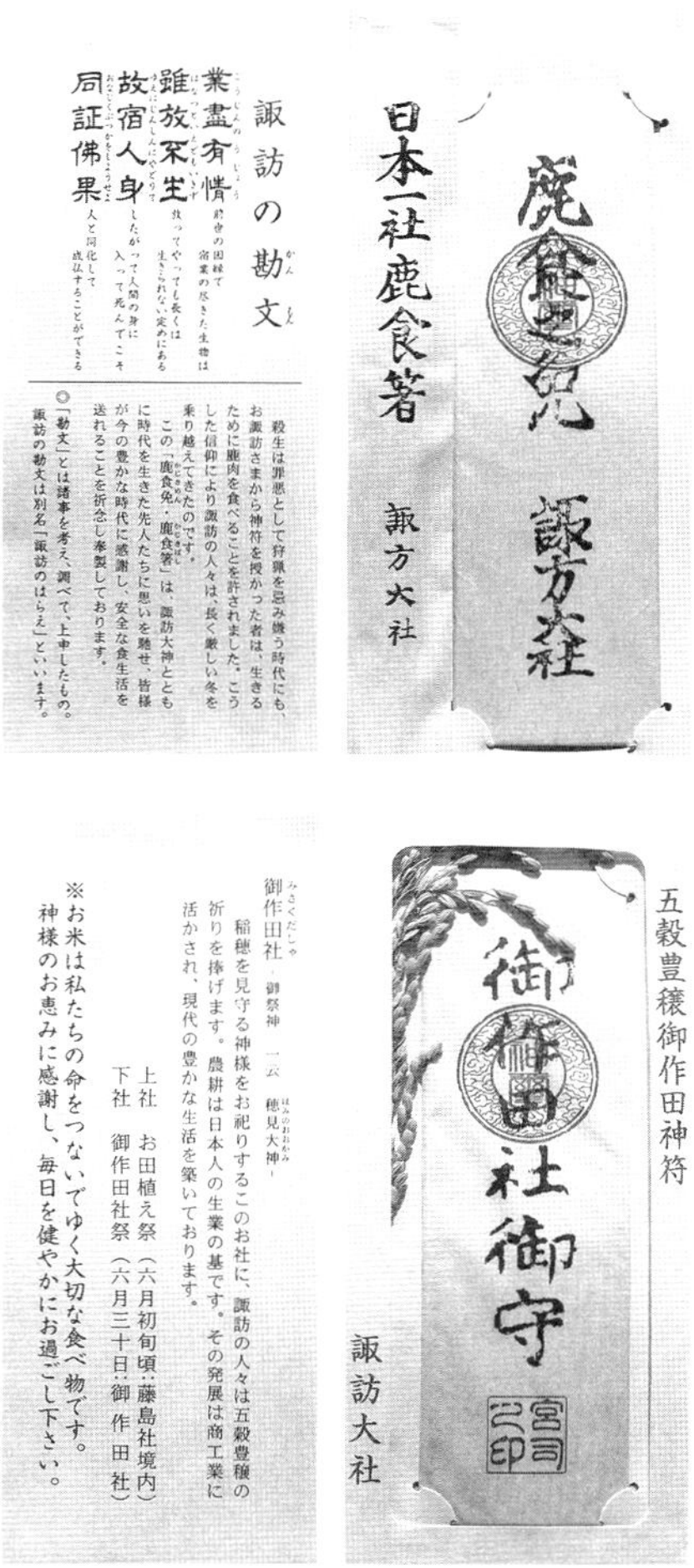

上社の鹿食免と鹿食箸、下社の御作田神符（著者撮影）

阿蘇と農耕

さらに九州の阿蘇神社においても、しだいに農耕に関わる神事が大きな比重を占めていく。先にも述べたように、阿蘇神社では〝下野狩り〟と称する大規模な狩猟神事があり、中世まではかなり大規模に行われてきた。ところが近世に入ると、阿蘇大宮司家の公式見解ともいうべき『阿蘇宮由来略』には、次のような記述が登場する。

（祖神・健磐龍命が）阿蘇山下に到て贄狩《にえがり》し、獲る所の猪鹿諸鳥を神祇祖考に薦《すすめ》て祭祀し、乃後嗣《すなわちこうし》に命じて此令を廃すること莫《なか》らしむ、是を下野狩と云ぅ。又、此地寒霜蚤《(ママ)》く降て五穀登らず、故に霜神を鎮祭《しずむ》あり、是に於いて五穀豊熟することを得たり〈今の霜宮是なり〉……下野狩今廃す。乃六月廿六日を以て最とす。御田植の祭礼と称し、稼穡《かしょく》の事を以て祭る。

祖神である健磐龍命が、阿蘇の山麓に来て贄狩りをし、これで獲った猪鹿や鳥などを神に供えて祭祀を行い、これを廃止してはならないと子孫に命じた。これを下野の狩りという。また当地では霜が降りて厳しいことから、霜の神を鎮魂する祭があった。これによって五穀豊穣が得られており、これを祀ったのが霜宮である。今は下野の狩りは廃止され、六月二六日の御田植祭がもっとも盛大なものとなり、農業のことを祀っている、といった内容となっている。

さらに『太宰管内志』肥後阿蘇郡健磐龍命神社の項には、祭神の健磐龍命が、阿蘇の地に水田を開いて、民に農耕を教えて五穀を植え、霜神（霜宮）を祀って豊穣を祈った旨が記されている。このように、九州山地のなかでも阿蘇の地は早くから水田化が進行し、中世後期には、下野の狩りのような狩猟神事が衰退し、御田植神事などの農耕儀礼が重要な役割を担うに至ったことが窺われる。

右の二つの記事からも明らかなように、阿蘇における農耕の大敵は霜害であった。近世の『蘇渓温故』にも「上古、大神、寒霜時ならず降て五穀熟せず、民人の苦む事を憂い玉い、天津神を祭り、寒霜の順降を祈り玉いたる」とあり、古代には時ならぬ霜のために五穀が稔らず、人々が苦しむことがあったので、天津神を祀って霜が緩むことを祈ったとしている。おそらく阿蘇山麓における水田稲作の重視は中世後期頃に著しく進展したものと思われる。

阿蘇大宮司家では、南北朝期に双方に分かれて内紛が続いたが、政治過程に呼応するように、北朝方の惟忠《これただ》が宝徳二（一四五〇）年に両派の統合を果たした。『阿蘇大宮司惟忠御田出仕次第写』は、寛正五（一四六四）年の御田植祭に際して、惟忠が阿蘇社惣官であることを、阿蘇社の神官たちに再確認させたものである。御田植祭の場で、惟忠が自らの正統性を承認させたことは、室町期に御田植祭が、下野狩りに代わって阿蘇社最大の神事となっていたことを意味しよう。

概して急峻な山脈が広がる南九州には、非常に多くの猪鹿が棲息していた。例えば中世の『下野狩集説秘録』には、阿蘇近辺の記事として「別《わけ》て鹿多く候」とあるほか、明治初年の『薩隅日地理纂考』には、各地の物産として「走獣　猪、鹿、猿」が挙げられている。

しかも鎌倉期の辞書『名語記』巻六「シ、」の項には、「問　山のかせぎをシシとなづく、如何　答　シ、はしかをいえり、鹿なり。最上の美物にて、肉をむねと賞する故に、シ、ムラの義につきて、シ、といえるにや」とある。

ここでは、山稼ぎをシシというのは何故かという問いに対して、シシとはシカのことで最高のご馳走であり、その肉を楽しむので、肉の塊の意味からシシと呼ぶのだと答えている。中世においても現実には、穢れという建前とは別に、猪鹿が広く食されていたことがわかる。

こうして狩猟は中世の人々の生活に大きな役割を果たしていたが、農耕適地が多い諏訪や阿蘇では、武士団による耕地開発が進む過程で、稲作を中心とした農耕的な価値観が、徐々に浸透し、狩猟神事を農耕神事へと変質させていったものと思われる。

山間部の狩猟と農耕

銀鏡神楽の舞台正面に供えられるイノシシの頭（著者撮影）

こうした狩猟神事が農耕に関わる事例は、山間部に残る民俗芸能からもみることができる。宮崎県東臼杵郡椎葉村に伝わる霜月神楽のうちには、イノシシの供犠を伴うものが多い。いうまでもなく椎葉は、つとに柳田国男が山民研究に取り組んだ地で、『後狩詞記《のちのかりことばのき》』には、狩猟にまつわる聞書とともに、伝書「狩之巻」が収められている［柳田：一九〇九］。

この椎葉村の南方、宮崎市・西都市山間部にも、同様の系譜を引く銀鏡《しろみ》神楽が伝わる。旧暦一一月一二〜一六日の祭礼には、二十数頭のイノシシの頭が舞台正面に供えられ、夜から朝にかけて銀鏡神楽式三十三番が演じられる。これがすべて終了した一五日の昼に、イノシシの頭は雑炊として振る舞われ、翌朝には、ししば祭という狩猟神事が行われ、現在はイノシシの耳であるが、かつては心臓が山の神に捧げられたという。

また神楽三二番の「シシトギリ」では、イノシシの狩り場の権利を確認する場面もあるが、最後の三三番の「神送り」では、性交の仕草を伴って、五穀豊穣を祈る農耕儀礼的要素が見受けられる。

さらに、これには火の神を祀る所作を伴うことから、重要な生業であった焼畑との関連を思わせる。三十三番の神楽のうちには、狩猟や焼畑・稲作などを思わせるものも多く、もともとは狩猟儀礼であったものに農耕の要素が加わって、今日の形になったと考えてよいだろう。なお先にも触れたように銀鏡神楽に限らず、椎葉では各地に霜月神楽が残り、ほとんどの神楽においてシシ肉が重要な役割を果たしている。

こうした霜月神楽が行われる一一月の下旬は、宮中で収穫祭である新嘗祭《にいなめ》が催される時期でもある。こうした一一月の行事は、中国苗族などにもみられるもので、収穫後の物忌《ものい》み期間ともいうべき神無月（一〇月）を経た後に、忌み明けを待って穀霊の再生を図る収穫祭とみなすべきである。椎葉山中では水田稲作よりも焼畑の方が盛んではあるが、こうした山間部の霜月神楽にも、稲作のサイクルと儀礼が大きな影を落としたものと思われる。

さらに奥三河の花祭は、天龍川一帯の山間部で広く行われる霜月神事であるが、三河国北設楽郡豊根村（現・愛知県北設楽郡）に伝わる延宝九（一六八一）年の花祭祭文《はなまつりさいもん》「大秘法《だいひほう》」（大入《おおいり》文書／『奥三河花祭り祭文集』）には、先の「諏訪の託宣」が登場し、もともとは狩猟儀礼であったことがわかる。しかし信濃国下伊那郡天龍村の大河内池大神社にも、ほぼ同系統の花祭は伝わるが、第三章第一節でみた同社の鹿追い神事からも明らかなように、こうした花祭には農耕儀礼としての性格が強いことが窺われる。

これまで述べてきたように、これらの神事は典型的な弥生的野獣供犠で、狩猟儀礼と農耕儀礼とが一体化したものであるが、神事の最後にシカを射る前の部分では、椎葉村の「シシトギリ」と同じように、猟場の権利を確認するシーンがあり、古くは狩猟儀礼にその原型があったことに疑いはない。こうした縄文的な狩猟儀礼が、農耕儀礼としての動物供犠に変化していった過程を、これらの神事は民俗レベルで雄弁に物語っているのである。

山の神から田の神へ

こうした民俗レベルにおける変化は、信仰的にも大きな変容をもたらすところとなった。日本の民俗学では、山の神の性格がしばしば問題とされてきたが、これについては明確な解答が用意されていない。基本的に山の神は、春になると山から降りてきて田の神に変わり、秋になると再び山の神に帰るという。

山の神に関しては、すでに柳田国男が、山の神の去来交替の時期は、先祖祭をする御斎日《ごさいび》つまりトキの日に当たることから、祖霊的な性格が強いとみなした［柳田：一九四六］。さらに民俗研究者の堀田吉雄は、柳田を承けて山の神の供物について分析し、狩猟の際の獲物の一部のほか、野菜や魚も供えられるが、やはり米や餅類などが多いことを指摘している［堀田：一九六六］。いうまでもなく山の神の主要な供物は、狩りの獲物と山の採集物で、これに野菜や米など農耕の産物が加わることから、田の神との歴史的な混合が窺われる。

この問題に関しては、すでにドイツの民族学者であるネリー＝ナウマンが、もともと縄文的な狩猟民的な山の神信仰があり、これに焼畑さらには水田稲作を加えた弥生的な農耕文化の要素が加わって、きわめて複雑な山の神信仰が形成されたと結論づけている［ナウマン：一九九四］。

何よりも国土面積の七〇パーセントが山地である日本において、水田稲作が到来する以前の主な生活の舞台は、あくまでも山地にあった点に留意する必要がある。

いうまでもなく縄文的な狩猟のための動物祭祀は、弥生時代に水田稲作が本格化すると、農耕のための動物供犠へと変化した。つまり田の神への依存度が増したことになるが、もともと農耕開始期においては、これまでみてきたように狩猟と農耕とは不可分ではなかった。当然のことながら、両者は矛盾なく共存したのであり、田の神の登場は、山の神との訣別を意味したわけではない。基本的に、山の神も田の神も人々に招福を約束してくれる存在であった。

山の神と田の神を狩猟と農耕に置き換え、双方が対立するような認識は、肉すなわち狩猟を否定してきた日本歴史の異様な特質にすぎない。そのため米志向を強めた段階で、山の神と田の神を区別しようとしたのであるが、もともとは一つの神格であったとすべきだろう。山の神と田の神の交替・融合という民俗的思考は、こうした事情を反映するものと思われる。

第四節　野獣供犠の伝統

中山神社の人身御供

美作《みまさか》国一宮であった中山《ちゅうざん》神社（岡山県津山市）には、広く知られる人身《ひとみ》御供《ごくう》の話が残るが、ここでは、これを動物供犠という観点から検討してみたい。

『今昔物語集』巻第二六の第七話「美作国の神、猟師謀《はかりごと》によって生贄を止むる語《こと》」は、続く第八話「飛驒国の猿神、生贄を止むる語」とともに、村の娘を生贄に差し出せという猿神の要求に対して、前者では猟師が、後者では僧侶が生贄の娘に化けて猿神を退治し、やがて娘と一緒に暮らしたという筋書きになっている。

ここで、第八話では神社が特定されていないが、第七話は『宇治拾遺物語』一一九話「吾妻《あづま》人《びと》生贄をとゞむる事」とほぼ同じ内容となっている。そこで、この生贄の舞台となった中山神社の事例で検討する。中山神社は岡山県津山市一宮に所在し、岡山県を中心に各地に分社がある。神社自体は、山間部の津山盆地北部の宮川流域に位置し、山麓部入口付近に立地するが、狩猟活動の舞台となるような山間地帯ではなく、菟足神社と同様に三方の低地部には水田が広がる。ただ人身御供の話と関わる猿神社だけは、境内の奥の急崖の中腹にあり、鬱蒼とした雰囲気に包まれている。

もともと中山神社は、延喜式内社で美作国の一宮であるが、主神の性格はかなり複雑で、いくつかの変遷や移動がみられる。『今昔物語集』には、「美作国に中参（中山）・高野と申す神在《おわし》ます。其神の体は、中参は猿、高野は蛇にてぞ在ましける」とある。この高野とは、同市二宮の高野原に鎮座する県社・高野神社で、延喜式内社の一つで美作国の二宮社を指す。両社が神体とする猿も蛇も、ともに山の神信仰に深く関わるものであるが、この高野原一帯は、中山神社のある宮川流域よりも山村的要素が強い。

ここに登場する生贄について、『今昔物語集』は「前に俎《まないた》に大なる刀置たり。酢・塩・酒・塩《（ママ）》など、皆居《す》えたり、人の、鹿などを下《おろ》して食《くわ》むずる様なり」と描写しており、三河風祭におけるイノシシの供犠を彷彿とさせる。また『宇治拾遺物語』は「其後は、その国に、猪、鹿をなん生贄にし侍けるとぞ」と末尾を結んでいる。

中山神社の鳥居と本殿の奥に鎮座する猿神社（著者撮影）

贄賄㹳狼神の性格

これらの記述から、中山神社の人身御供譚の前提には、猪鹿の供犠が現実にあったと判断することができる。もともと中山神社には贄賄㹳狼《にえまかないごろう》神が祀られており、神体は猿田彦で眷属はすべてサルかキツネの神だったといい、近世中期の書写とされる『中山神社縁由』附録には、次のような話がある。

昔、この里に伽多野部《かたのべ》長者乙丸という者がおり、大己貴命《おおなむち》を信仰していたが、中山神が遷座してきたため大己貴命の神威が衰えた。これを乙丸が妬むと、中山神の従神である贄賄㹳狼神の怒りを買い、乙丸一族は難を受けた。このため乙丸は驚き、その地を去って、「人贄にかえて鹿二頭づゝ年ごとにそなえ祭るべし」と堅く誓約した。

このため乙丸に、牛馬の市を起こせとの神勅があり、これに従ったところ大いに繁盛し、やがて弓削《ゆげ》荘に移り住んだが、贄賄㹳狼神は「もとよりうしむま《（牛馬）》をめ《（愛）》でさせ給ふ事のなへてならぬ御神」とされている。ここでは近世に、中山神社の社前に牛馬市が立ち、牛馬の守護神とされたにもかかわらず、家畜である牛馬を嫌っているという点に注目しておきたい。

その後、乙丸の家の跡で、正月八日ごとにシカ二頭を贄賄㹳狼神に供え、そこを贄殿と称した。ところが、ある年だけ贄を怠ることがあって、再び怒りを受けたことから、今度は贄賄㹳狼神を弓削荘に遷座させ、志呂大明神として庖谷というところで贄祭を行ったという。これと同様な記述が、安永三（一七七四）年の『一宮社伝書 上』にもあり、中山神社の先神にあたる贄賄猾狼神とは、いかにも動物供犠を直截に物語る神名といえよう。

さらに元禄四（一六九一）年に完成をみた地誌『作陽誌』苫南郡田辺郷中山神社の項には、「祭祀（正月）十六日 古《いにしえ》鹿を以て牲と為す、其儀正月十五日久米郡弓削《ゆげ》郷の人、下二箇村の頼信名《らいしんみょう》に会し、射礼を行い、詰朝《こうちょう》に至り大菅山に猟して、鹿二頭を狩す、即ち之を当社に献ず、名づけて神鹿祭と曰く」という記事がある。

田辺郷の中山神社では、正月一六日にシカを牲とする祭祀が行われているが、これは前日の一五日に弓削郷の人が頼信名に集まって射礼を行い、朝になって大菅山で獲ったシカを同社に供えるもので、神鹿祭と呼んでいるという。

この記事は第三章第一節でみたオビシャの実態を示す史料としても注目に値するほか、中山神社の伝承は、いくつかの興味深い論点を提供してくれる。しかし現在の社伝では、狩猟神としての贄賄猾狼神は否定され、鏡作《かがみつくり》命を主神としているが、もともとは狩猟活動と深い関わりを有していたことに疑いはない。

そして野獣の動物供犠を重要な祭儀としてきたが、現在では御田植祭、すなわち農耕儀礼が主要な神事となっている。中国山地一帯もまた猪鹿の多いところであったが、小盆地など農耕に適した地もあったため、農耕への傾斜を強めて、やがて狩猟的な御鹿祭《おしかまつり》が衰退していったものと思われる。

ここでも狩猟から農耕へという生産活動の変化に応じて、中世に猪鹿の供犠が衰退していった。おそらく贄賄猪狼神の話が、社伝の脇へと退けられたり、人身御供の伝承にまで発展したりしたのは、そうした事情を反映するものと考えてよいだろう。

中世の野獣供犠と仏教説話

また西行の作と仮託される一三世紀中期の説話集『撰集抄』宮内庁書陵部本には、伯耆《ほうき》国大山《だいせん》の「大智明神」の話がある。ここでは俊方《としかた》という弓の名手がおり、近辺には猪鹿が多かったが、彼はすべて思い通りに射止めてきた。ところがある時、「此鹿どもをとらんとすれば、我持仏堂に千体地蔵をすえたてまつりける」と、千体の地蔵を作って豊猟を祈願したが、シカと思って射た矢が、その地蔵に当たってしまった。

俊方は、これを大いに後悔し「我家を堂に造て、永く所の殺生をとゞめ」たとし、託宣を聞いて、堂を社として祀ったのが大智明神であったという。これは智明権現とも称し、地蔵を本地仏とする伯耆国二宮の大神山神社のことだとしている。

この話には、シカの供犠に関する記述は登場しないが、先に第三章第二節で検討した一四世紀の『伊予三島縁起』に、大山祇《おおやまづみ》神社で農耕のために永観二（九八四）年からシカの生贄を止めたという話を考え合わせれば、大神山神社の場合でも同じようにシカの供犠が行われていたとみてよいだろう。

なお猪鹿以外の珍しい事例として、承久元（一二一九）年頃の成立とされる『続古事談』巻二には、野干《やかん》（キツネ）を神体とする神社のそばで、キツネを射た者があり、これが処罰の対象となるか否かが争われたとする話が載っている。これに関して近世中期の国学者・天野信景《さだかげ》は、『塩尻』巻一七に、該当する文章を抜書きした上で、「凡《およそ》禽獣を妄《みだ》りに祭り侍るは中世よりの淫祠なり」と断言しているが、これは中世には動物祭祀が多かったことを窺わせるものといえよう。

いずれにしても中世には各地の神社で、さまざまな野獣供犠が行われていたと考えられるが、実際のところ、これらを物語る中世史料は、供犠を戒めようとした仏教説話類を除けば、決して多くない。ところが近世に入って、文書による間接支配システムが採用されると、これに応じて読み書きの能力が社会的に高まったことにより、在地でも夥しい記録が作成され、伝承なども留められるようになったのである。

近世文献にみる野獣供犠

このため近世にまで残存していた動物供犠の一端は、いくつかの文献に留められるところとなる。すでに、これらを活用した論考はあるが［柳田：一九一一・二七a、駒込：一九二五］、管見に入ったものを加えて、地方に残る野獣供犠の史料をみていこう。

（a）『住吉松葉大記』巻第一一神事部正月一〇日条　正月十日当社にて広田の御狩神事を行う、巫女男形を為して弓箭を持ち出し、狩場の体なり……毎年正月九日信濃の諏訪村民、門戸を閉じ出入を止めて、諏訪社の御狩と号し、山林を望み狩猟を致し、猪鹿一を獲れば、則ち殺生を止め、西宮南宮に手向け奉り、礼奠今に断絶せず、一箇請員（負カ）い外宮の生贄本誓に違わず

同書は、元禄（一六八八〜一七〇四）年間頃に成立した大阪住吉大社の社史である。同社は諏訪信仰とも関わりが深く、かつては狩猟活動が盛んで、広田御狩なる神事が行われていたことが窺われる。そして近世前期においても、信濃諏訪の村民たちは、山間部で獲た猪鹿を西宮神社にある南宮に捧げており、その生贄が続けられたという。

（b）『摂陽群談』巻二摂津国武庫郡鹿塩村　所伝云、毎歳正月鹿の贄を、西宮夷《にしのみやえびす》神に献ず。是所に於て、塩に浸す。因て鹿塩の号あり。社記其部にあり。

この元禄一四（一七〇一）年刊『摂陽群談』の記述は、（a）に関わるもので、兵庫県宝塚市の鹿塩では、毎年正月に西宮夷つまり西宮神社へシカの贄を捧げており、かつてはシカを塩漬けにしたのが、鹿塩という地名の由来だとしている。ここから、諏訪のみならず周辺の地域からも、西宮神社への贄が献じられて動物供犠が行われていたことが窺われる。

なお『武庫川六甲山附近口碑伝説集』には、昭和一〇（一九三五）年度の採集として「藁鹿武庫郡良元村塩鹿の氏神（熊野神社）で、正月に藁鹿を矢で射る神事が行われていた」とある［辰井：一九四二］。これもオビシャ神事の一種で、いつの時代にか模造のシカが用いられるようになったもので、かつてはシカの供犠が行われていたと考えられる。

（c）『丹波志』氷上郡沼貫庄（本郷村）阿知観《あちかん》大明神　十一月は鹿かけ祭りと云。謂《いわれ》は新郷古城主赤井先祖信州より来る。信州諏訪の社を移せり。其比《そのころ》は新郷村奥に野有《あり》。此所にて山を狩《かり》鹿を捕《とり》て社に懸《かけ》たり。贄と云。後に鹿取狩《とりから》ざる時、三年の牛を射て供す。夫《それ》より此村に牛を飼うに三歳なれば死す。これにより中古馬を持《もつ》と云えり。此謂《いわれ》にて鹿喰箸を免ず事あり。信州上下の社例の如し。

兵庫県氷上町の本郷は、加古川上流の自然堤防上に位置し、条里水田が広がる。同書は寛政六（一七九四）年の序を有するが、この地でも諏訪神社を勧請し、鹿食免《かじきめん》が設けられていることが興味深い。ここで、もっとも注目すべきは、シカが獲れなかったのでウシを贄に用いたところ、この村のウシは三歳で死んでしまうので、ウマを飼うようになったとする点である。あくまでも伝統的な動物供犠においては、家畜ではなく野獣のシカでなければならなかったのである。これについては（f）で改めて検討したい。

（d）『石見外記』上巻二那賀郡三宮の贄狩　黒川村に三宮《さんぐう》といえる神社あり……是は信濃諏訪の鎮座す建御名方命《たけみなかた》を斎《いつ》き祀ると。然るに毎年十二月廿六日祭礼あり。其祭祀の以前に、邑里《むらざと》の農民多く出て、山野を猟《か》りし。鳥獣を取り、さて祭りの日に及べば、神前に棹うち渡して、掛け並べて、供物とするよし。其狩を名づけて贄狩という、いと上古の風なりといえり。

文政三（一八二〇）年に著された同書は、村々の来歴や伝承などに詳しいが、島根県浜田市の三宮神社にも、諏訪神社が勧請されていた。ここは浜田川下流部の東岸に位置して、リアス式地形の一部をなし背後に山地を控えることから、かつては農耕とともに狩猟にも適した地であった。古くからこの地では、年末の祭礼ために、多くの村人が贄狩りを催し、その獲物を動物供犠に用いていた。

（e）『国訳　全讃史』巻七讃岐国多度郡九頭神　吉田村にあり　九頭龍大権現なり。此の神信州戸隠《とがくし》大明神の境内に在り。土人云う、此の神は則ち九頭蟒蛇《くずのうわばみ》なり。全鹿を以て之に薦《すす》めれば、則ち之を食いて片骨を遺さず。其の噛む声外に聞ゆ。是を以て牙歯疼痛する者之に祈れば、則ち其の歯定固すと。

同書は、文政一一（一八二八）年著の『全讃史』を読み下したもので、ここでは戸隠の九頭龍神信仰が注目される。香川県善通寺市下吉田には九頭神祠が現存する。ここは讃岐平野金倉川中流域の平坦部に位置し、その地名の通り古くからの良田地帯である。

しかし、その西南部には象頭山《ぞうずさん》に続く山々が控え、水田農耕とともに狩猟活動も営まれたであろうことが窺われる。ここでは、九頭龍神が供物として出された一匹のシカを喜んで骨まで食べ尽くしたとしており、こうした水田地帯でシカの供犠が行われていたことは注目に値しよう。

（f）『御子神記事《みこがみ》』川上神社（土佐国香美郡韮生野村《にろうの》）川上大明神の祭り、往古は猪肉を奉る。是をかけじゝと云よし。取れざれば神祭延べたるよし。いつの頃かしゝ取れず、五百蔵村《いおろい》にて牛の子を殺し猪鹿の代に用たりしに、神慮に叶わざるか祟《たた》り有り。其時より猪鹿を奉る事止たりと、世々村老言伝う。

同書は、一八世紀後半に成立した書物で、文化一二（一八一五）年に武藤致和が編纂した『南路志』にも、ほぼ同様の記述があるが、これは同書からの引用にすぎない。韮生野郷《にろうのごう》五〇カ村の総鎮守・川上神社は、大川上美良布《びらふ》神社とも称する高知県香美市の延喜式内社で、物部川中流の山々に囲まれた谷状の小盆地部に位置する。

周囲は四〇〇～五〇〇メートル級の山々に囲まれ、沖積地には良田も多いが、これらは近世初頭の用水工事の所産で、中世には山村的要素が強かった。寛保三（一七四三）年の御国七郡郷村帳によれば、韮生野村には作間に猟師筒九、平筒一四、五百蔵村に猟銃一五、柳瀬に猟銃九があり［下中編：一九八三］、狩猟が盛んであったことが窺われる。

ここでも（c）の場合と同様、カケジシが獲れなかったので、対岸の五百蔵村で猪鹿の代わりにウシを殺して供えたところ、神慮に適《かな》わず祟りを被ったとしている。このために猪鹿の供犠を止めたという話で、その論理には奇妙な部分もあるが、これも近世における農耕の進展と穢れ観の浸透によるものといえよう。いずれにしても家畜であるウシの供犠は、狩猟の対象である猪鹿の供犠の代わりにはならない、とする点が重要である。このことは、先に見た美作中山神社の贄賄猪狼神が、牛馬を忌み嫌っていたという事実と密接に関わるものと考えられる。

（g）『神祇志料』第二〇巻神社筑前国宗像《むなかた》郡宗像神社　朱雀天皇天慶中に至て正一位勲一等を授く。是よりさき此神を祭るに、必獣を猟り魚を漁りて奉る例也《なり》しが、此に至て大神に菩薩号を授けて、漁猟の祭を停め給いき。

同書は明治六（一八七三）年の著作で、全国の主要神社を網羅するが、福岡県の宗像大社は古くから海上交通の守護神として知られる。宗像大社は、海上の沖の島沖津《おきつ》宮《みや》・大島中津《なかつ》宮《みや》および陸上の田島《たじま》辺《べ》津宮《つのみや》の三社からなるが、このうち辺津宮は、釣川中流域の谷状の肥沃な氾濫原に臨む場所に位置して、一〇〇メートルクラスの山地に囲まれ、農耕・漁撈とともに狩猟も盛んであったと思われる。ここでは天慶（九三八〜四七）年間に、同社が正一位に叙せられたのを契機に、供犠を廃止したとする伝承が興味深い。

（h）『三国名勝図会』巻六〇 日向国諸県郡志布志（田之浦村）笠祇《かさぎ》大明神社　祭祀二月卯日・九月卯日、祭祀の時、牲猟と号し、古より今に至て、申日《さるのひ》はいつも猟をなし〈正月は宮谷鹿倉《かくら》、九月は御在所鹿倉にて、猟所の定めあり〉其獲たる鹿と野猪は、携えて社殿を三度廻るを故事とす。是を社の左なる川〈安楽川〉の流れに浸し置き、祭日神前に供う。鹿角《かづの》は都《すべ》て社内に納む。

これは天保一四（一八四三）年刊の地誌で、笠祇《かさぎ》神社は鹿児島県志布志《しぶし》市田之浦にある。御在所岳山麓の山間地帯で、安楽川が上流部で形成した峡谷に位置する。ここでは二月と九月の卯の日に贄狩りを行い、猪鹿を捕らえて社殿で神に披露し、安楽川で清めて祭日に神前に供えるといい、幕末にも野獣供犠が行われていたことが窺われる。

（i）『三国神社伝記』中巻止上《とがみ》六社権現（薩摩国曽於郡重久村）正月十四日夜入贄祭り……真那板田の宍切藪《ししきりやぶ》と申所において、正月初狩の猪宍を切て、三十三串に貫き、往古隼人退治の祭事……上古より今に社例にて、其執行仕来の由候。

止上神社とマナイタ田（著者撮影）

この止上《とがみ》神社は、鹿児島県国分平野北部の天降川支流手籠川上流の山間部付近に位置し、現在の霧島市重久にある。これは第三章第二節で述べたように、贄を論じた際に引用した『薩隅日地理纂考』と同内容であるが、文化五（一八〇八）年序の本書は、とくに神社関係の記事に詳しい。先に引いたように『薩隅日地理纂考』にも「隼人退治」の記念とされる隼人塚の記述があり、この塚の方が現地では重要視されるが、ここでは隼人塚近くの「真那《(魚)》板田の宍切藪」における神事に注目したい。

止上神社は霧島山系の山麓部に位置するが、現在、隼人塚の碑が建てられている真魚板田は、神社南西方六〇〇メートル弱の平坦な水田地帯にあり、神社の周囲をめぐる水路からの引水によっている。そして止上神社の贄祭では、初猟における獲物の肉を三三本の串に刺し、これらを地に挿し立てて牲としていることが興味深い。

こうした肉の供え方は、狩猟的動物祭祀を彷彿とさせるが、正月の予祝祭祀となっている点に注目しなければならない。縄文的動物祭祀には、鎮魂的な要素が認められるが、予祝はあくまでも農耕を意識したものと考えるべきだろう。そして何よりも真魚板田において、初猟の獲物を解体し捧げるという行為は、明らかに農耕のための弥生的動物供犠を象徴しており、これが近世まで続けられていることが重要である。

ちなみに、こうした南九州にみられる贄祭のために集団で行う牲猟については、すでに川野和昭が頭骨祭祀という観点から論じており、豊猟を祈願するものとしている［川野：二〇〇〇］。ただ川野は、これが農作業前の二月と収穫後の一一月に行われていることや、ここでも山の神と田の神とが入れ替わる点に注目しているが、これらは、あくまでも縄文的な動物祭祀から、弥生的な野獣供犠への変化の過程で生じたものと判断される。

したがって止上神社の贄祭は、山間部では近世においても狩猟活動が盛んであったことから縄文的動物祭祀の姿を留めつつ、平坦地における水田耕作の展開に伴う予祝的な農耕儀礼としての弥生的野獣供犠の浸透を、もっとも典型的に物語る事例といえよう。こうして縄文・弥生以来の生産活動に基づく祭祀の民俗は、きわめて強靭な持続力を長い歴史のなかに刻み続けてきたのである。

野獣供犠の持続

こうしてみると、供犠が途絶した場合や伝承としてのみ残った事例も稀ではなく、その実態が不明となったというケースが、実に数多く存在していたと想定すべきように思われる。少なくとも近世までは、農耕を目的とした野獣の供犠つまり弥生的な動物供犠が、連綿と継続していたことが明らかとなる。もちろん動物供犠は基本的には衰退の方向にあったが、こうした史料群では、いずれもある段階で、猪鹿の供犠を止めたと強調している点には留意すべきだろう。やはり歴史の大きな流れのなかで、野獣の供犠には負の評価が働いていたのである。

まだまだ丹念に地域の史料を丁寧にみていけば、その例証を増やすことは、充分に可能と思われる。とくに諏訪神社については、先に三例を検証することができたが、同社は、古くからの狩猟可能な地に勧請されて、同様な供犠が行われていた可能性が高い。

また日光や阿蘇、あるいは菟足・三島・宗像・住吉・大山・中山をはじめとして、かつては多くの諸国一宮クラスの神社で、猪鹿による動物供犠が行われたものと思われ、文献には残らなかったが、それらの末社でも同様に猪鹿が献じられたとしてよいだろう。

先にもみた『塩尻』巻五六には、ある人に「神供に肉を用うる事を問」われて、「我国の神膳は獣肉を甚穢とす……神饌たとえ止む事を得ずして、魚肉用うとも、脯腊《ほさく》(干肉)の類を供せば可なり」と答えた旨がみえる。この質問は、近世においても供犠という行為は別としても、祭祀で神に肉を捧げるケースが多かったことを示している。

ただ血すなわち殺生は穢れの象徴でもあったことから、これに対しては社会的忌避へと向かう力が働いたが、脯腊ならば可とする抜け道が用意されていた。このことは肉の献供から、供犠のみを欠落させ、血の問題を巧みにかわして、穢れの問題を遠ざける結果となったが、そうした方便以前には、新鮮な肉の供犠が広く行われていたとみなすべきだろう。

すなわち古代国家は、稲作重視のために、穢れの排除という形で殺生を禁断したが、実際には地方のトップクラスの神社においても、さまざまな動物供犠が行われ続けてきた。それでも長期的にみれば国家の方針は、徐々に社会的に浸透していくもので、中世以降には動物供犠は衰退をみせはじめるところとなるが、その払拭は必ずしも容易ではなかった。

そして最後に、とくに指摘しておきたいのは、これまでみてきた農耕のための動物供犠の対象が、猪鹿という野獣であったことである。中山神社の贄賄猪狼神が家畜である牛馬を嫌ったことをはじめ、（c）の『丹波志』阿知観大明神や、（f）の『御子神記事』川上神社の例でみたように、捧げられる供物は、あくまでも家畜たる牛馬では不適当であった。

供犠獣は、あくまでも狩猟による猪鹿でなければならなかった。これは中国の黄河文明系や朝鮮半島北部の家畜供犠とは異なって、縄文以来の狩猟による動物祭祀が、弥生的野獣供犠に受け継がれたためと思われる。中国の長江文明および朝鮮半島西南部でも、供犠に野獣が用いられたが、そうした影響を受けつつ、日本列島では、農耕のための猪鹿による供犠の体系を、歴史的に創り上げたのだと考えてよいだろう。

第五章　家畜の供犠と農耕

日本では、弥生時代以来、水田農耕に伴って野獣である猪鹿を用いた動物供犠が行われてきたが、古墳時代に入ると、家畜である牛馬が、朝鮮半島経由でもたらされた。これらは貴重な労働力となったが、それゆえにこそ、人々は牛馬を供犠に用いることで、より豊かな農耕の稔りを期待した。すでに第二章でみてきたように、これは中国大陸・朝鮮半島で、古くから広く行われていた祭祀であり、これを大陸・半島的供犠と呼ぶこととしたい。しかし動物の屠殺を嫌った古代国家は、これを否定することが豊作に繋がるとみなした。しかし現実には、雨乞いなどの行事として、牛馬の供犠が強く日本社会に根付き、その痕跡は近代にまで受け継がれた。そうした家畜の供犠が農耕とどのように関わり、日本的な変容を遂げていったのかを、本章で検討しておきたい。

第一節　牛馬の移入と供犠

牛馬の移入

弥生時代に本格化した水田稲作は、次の古墳時代に飛躍的な展開を遂げた。しかも朝鮮半島との交流が活発化し、渡来人とともにさまざまな文物や技術が伝えられるようになった。とくに巨大な古墳の築造技術は、水田の造成にも大きく貢献した。さらに牛馬の移入によって、畜力による労働生産性の著しい向上がみられ、小国家の群立と、その統一とが一気に進んだ。

これまでウマについては、縄文時代から日本にいたと考えられてきたが、これは近年の研究成果によって、発掘調査上の誤認であることが指摘されている［松井：二〇一〇］。また弥生時代のウシの骨や歯が出土したとする説もあるが、信頼に堪える科学的な年代の測定とはいいがたい。

古代日本における牛馬の存在については、文献でみれば、すでに『魏志』倭人伝に「その地には牛・馬・虎・豹・羊・鵲《かささぎ》なし」とあり、弥生時代の末期もしくは古墳時代初期においては牛馬が日本には伝えられていなかったことになる。

その後、古墳時代になると、近畿では五世紀後半から六世紀前半、関東では同じく六世紀にかけての古墳から、動物埴輪が数多く出土するようになり、ウマとウシの埴輪も登場をみる。とくにウマについては、馬具で飾り立てた事例が多いが、これはウマが重要な交通手段で、権力者の威信財とされたほか、軍事的にきわめて重要な役割を果たしたためと思われる。

これに対して、ウシは運搬や土木工事などの強力な動力源ではあったが、その数は初期においては比較的少ない。牛形埴輪のもっとも早い事例は、五世紀後半の兵庫県朝来《あさご》町船宮古墳（『神戸新聞』二〇〇二年九月五日）のほか、六世紀に入れば、大阪府守口市梶二号墳や奈良県田原本町の羽子田遺跡などからも出土している［平賀：一九九四］。

大阪府高槻市の今城塚《いましろづか》遺跡は、巨大な前方後円墳で、六世紀前半の継体天皇陵ともされるが、ここでは形象埴輪のうちウマ八点・ウシ二点が二列縦隊となり、並んだ形で発見されている［宮崎：二〇〇八］。まさに牛馬は、強力な権力者の重要な所有物として珍重されたことがわかる。

またウマは、古墳時代に確認される獣類埴輪一七三点のうち一一八点を数えるなど、権力者にとってもっとも身近な動物であった［森田：二〇〇八］。すでに鹿児島県大隅町鳴神《なるかみ》遺跡では、五世紀中期の円墳の周溝にウマの頭が置かれた例があるほか、古墳時代中期の天理市布留《ふる》遺跡では、大量のウマの骨が出土している［松井：一九九一］。

基本的に牛馬は、ヤマト政権の成立・発展期に、中国大陸から朝鮮半島経由で日本に入った。まずウマが四世紀末頃に日本に入って、軍事的にも権力者の重用するところとなり、やや遅れてウシが五世紀後半頃から飼われ出した。やがては古代国家の展開に伴って、七〜八世紀に急増しはじめ、一般の集落へも広がっていった［松井：一九九一・二〇一〇］。

野獣から牛馬へ

こうした重要な家畜である牛馬については、すでに石田英一郎が、『河童駒引考』で明らかにしたように、これを犠牲とする習俗が、かなり古い時代から世界各地で発達をみた［石田：一九四八］。しかし日本においては、国家の統一が進行した古墳時代以降に、牛馬が移入されて、その供犠が始まったにすぎず、それまでの供犠は、これまでみてきたように野獣であった。

古墳時代に移入された牛馬は、貴重な家畜であったが、むしろ貴重であればあるほど、犠牲としての効力は高いと信じられた。

そこで次に、牛馬の供犠について考古学からみれば、出土した骨などの状態から、祭祀に伴いその場で動物を屠殺する場合と、斃牛馬の頭骨や下顎骨を保存し白骨化させてから用いる場合、という二通りのケースが、古代の事例で認められている。とくに日本の動物祭祀においては、必ずしも犠牲を伴わない事例も多く、縄文時代などの場合と同様に、動物犠牲と広義の動物祭祀は区別する必要がある［松井：一九九五a］。

なかでも注目すべきは、ウマの殉殺・殉葬で、その所有者とともに、一緒に葬られる事例が決して少なくない。これはウマが軍事的に重要で、威信財としての意義も大きかったためだろう。古墳に象徴されるように、地域における権力者の葬儀は、かなり大規模に行われていた。

もともと『魏志』倭人伝には、卑弥呼の古墳に「奴婢百余人」を殉葬したとあり、『日本書紀』垂仁天皇二八年一一月二日条にも、倭彦《やまとひこ》命の葬儀の際に殉死者を生きたまま埋めた旨が記されている。さらにウマの殉葬も行われるようになった。ところが、こうした風習に対して古代国家は、『日本書紀』大化二（六四六）年三月二二日条にみえるように、いわゆる大化薄葬令を出して、権力者の葬儀の簡略化を命じ、ウマについても「強《むり》に亡人の馬を殉《したが》わしめ」ることを止めている。

こうしたウマの殉葬事例としては、千葉県佐倉市の大作《おおさく》遺跡第三一号墳から、馬具を装着したまま首を切り落とされ、胴体は上下逆さまながらも、首のみが上向きに置かれた状態のウマが出土している。これは六世紀前後のことで、円墳の周濠の外縁に接する土坑のうちから発見され、ウマの殉殺例とみなされている。こうした類例は朝鮮半島にも認められ、慶州の皇南洞《ファンナムドン》古墳群などで、同様なウマの随葬が行われていたという［松井：二〇〇三a］。

ウシについては、古墳時代をすぎると、これを動物祭祀に用いた事例が確認できるほか、次第に増加する傾向をみせる。山口県の周防国府跡からは、一〇世紀後半の井戸の埋め土のなかから、下顎骨を外したウシの頭蓋骨が出土するほか、岡山県岡山市鹿田《しかた》遺跡でも、一三世紀初頭に埋め戻された井戸内の土から、ウシの頭蓋骨が発掘されている。

古代・中世においては、使えなくなった井戸を廃棄する際に、さまざまなものを投じて埋め戻すことが行われる。この二例は、こうした井戸の廃絶儀礼に伴うもので、ウシの死後に角を切り取り、首を落とした上で下顎骨を外したもので、これらは白骨化した後に祭祀に用いられたと考えられている［松井：一九九五ａ］。

また大阪市平野区の長原遺跡では、古墳時代中期から平安時代中期と推定される柱穴から、ウシの四肢骨がまとまって出土している。これは発掘状況と骨の分析から、動物供犠の結果とされ、まず建造物を取り壊して柱を抜き、ウシの肉付き骨を神に捧げた後で、肉を切り離して共食を行い、先の柱穴に骨を埋めたという。ただ、これらの供犠は農耕との関わりは薄く、建物群の取り壊しや建て替えに際して行われたものと考えられている［久保：一九九九］。

古代においては、ウマが主人の殉葬などとして捧げられたのに対し、ウシを井戸の廃絶や建造物の建て替えに供していることが興味深い。牛馬は、ともに供犠としては雨乞いなどに用いられるが、両者に対する観念に微妙な相違があったことが窺われる。

牛馬の供犠と農耕

しかし牛馬の供犠は、やはり農耕儀礼と密接な関係にあった。山口県下関市の延行《のぶゆき》条里遺跡では、平安時代の水田の畔の交差点に土坑を掘り、そこに下顎骨を外したウマの頭蓋骨を仰向けの形で埋めたことが判明している。

その周囲には集落址はなく、低湿地の水田地帯と考えられるところから、何らかの祭祀が行われたと考えられている。この頭蓋骨も、白骨化したものが用いられているが［松井：一九九五a］、おそらく村落レベルでの水田祭祀と考えてよいだろう。

また大阪府八尾市の池島《いけじま》・福万寺《ふくまんじ》遺跡では、平安時代末期の条里水田跡の水路の交差点付近の土坑からウシの下顎骨が出土したほか、そこから七〜八メートルほど離れた基幹水路の溝底にも土坑があり、そこにはウシの頭蓋骨が裏返しで置かれていたという。さらに付近の水路底部の堆積土中には、ウシやイヌ・シカなどの骨が集中しており、頭蓋骨などを埋納した土坑との関連も想定されるところから、水田祭祀としてウシの供犠が行われ共食が催された可能性が高いと推定されている［松井：一九九五b］。

ちなみに池島・福万寺遺跡におけるウシの埋納土坑は、延行条里遺跡のウマの事例との類似点が多いとされている。両遺跡ではウマとウシという違いはあるが、基本的に牛馬を用いた動物供犠が、平安時代以降には村落レベルにおいても広く行われており、水田稲作を目的としたことが窺われる。

そして、こうした牛馬供犠については、日本列島および朝鮮半島・中国東北部でも数多く事例が報告されており［桃崎：一九九三］、古代中国のうちでも黄河文明系の儀礼が、朝鮮半島を経て日本にも及んだ。そして古墳時代から平安時代においては、これが村落レベルにまで及んだという事実を、しっかりと認識しておく必要があるだろう。

第二節　供犠における野獣と家畜

野獣と家畜の供犠

これまで日本における動物供犠を考えるにあたって、もっとも重要であるはずの野獣と家畜の区別が問題とされてこなかった。すでに前章で述べたように、狩猟獣である猪鹿を用いた祭祀が、日本では縄文・弥生以来、連綿と行われ、とくに水田農耕が本格化した弥生以降においては、農耕を目的とした本格的な動物供犠が始まった。

ところが家畜である牛馬が日本に入って、これが祭祀に捧げられるようになっても、あくまでも牛馬の供犠は、一般的なものではなく、特殊な場合にのみ行われたとする見解が主流をなしてきた〔栗原：一九六九、井上光貞：一九八四、桜井：一九九六〕。本節では、野獣の弥生的供犠に対して、広く行われていた家畜の牛馬供犠を、大陸・半島的供犠と規定し、その実態について検討してみたい。

そもそも動物供犠の問題が、古代史研究において積極的に取り上げられなかったのは、史料の残存度の低さに加えて、日本では肉食が忌避され内臓や血を嫌ったことから、それを供犠の対象とすることなどないという先入観に支配されてきたからである。

とくに大家と呼ばれるような研究者の間にも、そうした認識が無意識のうちに存在した。例えば古代史家の薗田香融は、大化の改新以前に、鳥獣の肉を調理する宍人部《ししひとべ》が存在したことから、古代における獣肉食の事実を認めつつも、最終的には朝鮮半島からの影響だとし、「宍人部は、外国風の食饌を調する人」と断定している〔薗田：一九六三〕。

また日本古代史の泰斗・井上光貞は、古代王権の性格を論ずるにあたって、犠牲の問題を重視し、「殺牛儀礼は日本のふつうの習俗とは違う、という意識があり、それ故に、例外的だと私は考えるのである」（傍点井上）と記した〔井上光貞：一九八四〕。

井上は、牛馬の供犠を特殊だとみなしたが、猪鹿の供犠を認めた考古学研究者の桜井秀雄とは異なり［桜井：一九九六］、日本における動物供犠の存在に否定的だった。もちろん井上の議論は複雑で、古代日本に犠牲の行事がなくはなかったが、それを一般的とすることは正しくないと考えていた。その理由を「令・式の定める公的祭式には犠牲的性質がほとんどみられない」（傍点井上）ことに求めている。

御歳神とウシ

こうした状況のなかで、古代史家・佐伯有清は、ウシの供犠に関して、九世紀初頭に成立した『古語拾遺』にみえる御歳神《みとしのかみ》とウシの神話を、農耕儀礼との関連で指摘している［佐伯：一九六七］。やや長いが、この神話の全文を引用しておく。

昔在《むかし》神代に、大地主《おおなぬし》神、田を営る日に、牛の宍を以て田人に食わしめき。時に、御歳神《みとしのかみ》の子、その田に至りて、饗《あえ》に唾《つばは》きて還り、状を以て父に告《もう》しき。御歳神怒を発して、蝗《いなご》を以て其田に放ちき。苗の葉忽《たちまち》に枯れ損われて篠竹に似たり。是《ここ》に大地主神、片巫《かたかんなぎ》〈志止々鳥〉・肱巫《ひじかんなぎ》〈今の俗の竈輪《かまわ》及米占《こめうら》なり〉をして其の由を占い求めしむるに、「御歳神祟《たたり》を為す。白猪・白馬・白鶏を献《たてまつ》りて、その怒を解くべし」ともおしき。教《おしえ》に依りて謝《の》み奉る。御歳神答え曰《もう》しく、「実に吾が意ぞ。麻柄を以て桛《かせぎ》に作りて之に桛《かせ》い、乃其の葉を以て之を掃い、天押草《あめのおしぐさ》を以て之を押し、烏扇を以て之を扇ぐべし。若し此の如くして出で去らずは、牛の宍を以て溝の口に置きて、男茎形を作りて之に加え〈是、其の心を厭う所以《ゆえん》なり〉、薏子《つすだま》・蜀椒《なるはじかみ》・呉桃《くるみ》の葉及塩を以て、其の畔に班《わか》ち置くべし。〈古語に、薏玉は都須玉というなり〉」とのりたまいき。仍りて、其の教《おしえ》に従いしかば、苗の葉復《また》茂りて、年穀豊稔なり。是、今の神祇官、白猪・白馬・白鶏を以て、御歳神を祭る縁《えにし》なり。

ここには水田農耕における動物祭祀に関して、野獣と牛馬の供犠をめぐる問題が、かなり複雑な形で描かれている。なお、この話が、これまでみてきたような考古学の成果からすれば、牛馬が村落レベルに普及した後のことで、すなわち七〜八世紀頃の話となる点に留意しておく必要がある。

まず大地主神つまり地域神を信奉する人々は、稲作の開始にあたってウシの供犠を行い、これを直会《なおらい》で食したことが暗示的に語られる。それを子の告げ口によって知った御歳神は、怒ってイナゴを田に放して苗葉を枯らしてしまった。

そこで大地主神は、占なって御歳神の祟りと知り、白猪・白馬・白鶏を献じたほか、麻柄をもって呪術を行い、ウシの肉と男茎形などを田の溝口と畔に供えたので、その怒りが解け、稲が豊かに稔ったとし、これが御歳神に白猪・白馬・白鶏を捧げる起源だという。

この神話は、肉食と供犠に関する数少ない史料の一つで、これまでにも多くの研究者によって、それぞれの立場から論じられてきた。すなわち、この話の解釈が、日本における動物供犠の存在をめぐる大きな鍵となるので、従来の説を簡単に検討しながら、私の見解を陳《の》べていきたい。

かつて私は、動物供犠への論究には至らないまま、この神話から、牛肉を食すると農耕に支障をきたすという信仰が、古代に広く存在していたことを指摘した［原田：一九九三］。これに対して、御歳神の話は殺牛祭祀の存在を意味するとした古代史家・平林章仁の批判が提起された［平林：二〇〇〇・〇七］。

今でも私見は大筋で正しいと考えており、むしろ平林の見解は、私の論を補強するものと判断している。ただ平林の議論には納得しがたい部分があり、かつ井上光貞の説にしても、ともに野獣と家畜という視点が欠けているという問題があるので、ここで改めて検討を加えておこう。この神話の研究史には長い蓄積があるが、ここで再論する余裕はないので、詳しくは拙著および平林の論考を参照されたい［原田：一九九三、平林：二〇〇〇］。

基本的に、これまでの研究のほとんどは、これを殺牛儀礼の話とみなしてはいるが、全体を通して明快な説明を展開した論稿はない。それは神話の文脈からのみの解釈を行っているためで、この問題を正しく理解するためには、この時期における動物供犠の全体像と、その変容を検証する必要がある。

そこで殺牛祭祀説を強調する平林の説からみていこう。彼は、御歳神に占有権があったはずの牛肉を、先に大地主神に捧げたために、怒って稲を枯らしたのだとするが、まさにここに大きな問題がある。そもそも御歳神への供物がウシの肉で、これが殺牛祭祀だとする論拠は、どこにも存在しないからである。

『古語拾遺』の新解釈

たしかにウシの肉が、水田稲作のために有効なものであることが、とくに『古事記』『日本書紀』以外の神話で認められていることが重要だろう。しかもやや異端な『古語拾遺』のなかで大地主神も御歳神も、ともに認めている点が興味深い。そして両神の力関係からすれば、大地主神は単なる地域の漠然とした生産活動の神であるのに対して、御歳つまり年ごとの農耕のサイクルを司る御歳神の方が、より上位の立場にあったことは想像に難くない。そこに御歳神の怒りを鎮めようとした神話の本義がある。そこで御歳神の祭儀についてみれば、白猪・白馬・白鶏を捧げるべきだとする点がもっとも重要である。

これは後にみるように、古代国家における祈年祭の供物と一致するもので、それこそが御歳神への大切な供物であり、あくまでも御歳神とウシは無関係である。たしかに御歳神の怒りを解くために、ウシの肉を水田の溝口に置き、これに男根形を添えようとしている点には留意すべきだろう。しかし、これを御歳神の心を慰めるためだとする論者が多いが、どこにも御歳神に牛肉を供えるという記述はなく、むしろウシは大地主神のためのものであった。

むしろ溝口に置いたとしている点が重要で、これについてはイナゴ駆除のために肉の臭気を用いた呪術方法だとする見解もある［桜井：一九九二］。しかし、ただ肉の臭気を利用するのであれば、ウシにこだわる必要はない。少なくともウシの肉は、御歳神への供物ではあるまい。御歳神にとってはウシを捧げたことが問題で、それを白紙に戻すことの方がはるかに重要だったのである。

このウシの肉と男根形は、あくまでも御歳神の神意に沿うための呪術で、イナゴを追い払うためのものとは考えられない。ウシの肉という厄神を取り除くために、男根形を添えたのは、これに邪鬼を追い払う力があると信じられていたからだろう［義江：一九九六］。

したがって、ここでは御歳神がウシの供犠、つまり殺牛祭祀を認めず、それは大地主神へのものであったとする解釈が、もっとも妥当であろう。御歳神が薏子・蜀椒・呉桃の葉と塩を畔に置かせたのも、農耕の祭祀にふさわしくないウシの障害を祓うためと考えられる。すなわち御歳神は、ウシの肉の占有権を主張したのではなく、白猪・白馬・白鶏を供えるべきだったにもかかわらず、ウシの肉を供えた大地主神の祭祀に対して怒りを発したのである。さもなければ、最終部分における御歳神起源神話の意図を読みとることができまい。

これは井上光貞が指摘したように、この神話の力点が、あくまでも御歳神に白猪などを祀るという由来の強調にあることが重要だろう［井上光貞：一九八四］。すなわち井上は、『延喜式』巻一神祇四時祭の祈年祭条に、ひとり御歳神についてのみ「御歳社は白馬・白猪・白鶏各一を加う」とある点を重視したのである。

しかし井上が、それを例外的だと断定したことは問題で、しかも両書の記載から「白い猪や鶏を犠牲として供える儀礼が作られる以前には、少なくともこの社では殺牛儀礼が行われていた」という解釈を導き出していることには、まったく同意できない。

それは、すでに第四章および本章で論証したように、イノシシの供犠以前にウシの供犠が存在したとする解釈は、成り立たないからである。御歳神には、白猪・白馬・白鶏が捧げられるのが本義で、『古語拾遺』はあくまでも、ウシを捧げたために御歳神の怒りを招いたというストーリーを強調したかったのである。平林や上田正昭も、白猪や白鶏よりも前にウシの供犠があったとするが［上田：一九九三］、これは明らかに誤読とすべきだろう。

祈年祭の白馬

それではなぜ『古語拾遺』において、御歳神がウシの供犠に対して怒るような事態が起こったのだろうか？　これを解明するためには、本章冒頭で述べたように、国家レベルと民間レベルにおける祭祀のあり方の違いを理解しておく必要があろう。

つまり国家レベルにおける祭祀の解説である『延喜式』祈年祭条では、御歳神社のみが「白馬・白猪・白鶏」を捧げているが、まず、この白馬の意味が問題となる。ここでは『延喜式』とは異なり、『古語拾遺』が「白猪・白馬・白鶏」の順としている点に留意すべきだろう。前者は一〇世紀初めの編纂であるが、『古語拾遺』は九世紀初頭における伝承である。古墳期におけるウマの移入を考慮すれば、白馬が加わったのは新しい時代のことであるから、『古語拾遺』で白猪が冒頭に来るのはきわめて自然な順序となる。

井上は、「祈年祭ではあまねく天神地祇を祭るとともに、古記・令釈によると白色の猪・鶏を以て、祝詞によると白馬を加えた三つを以て、御年神を祭る」とし、御歳神の祭祀は、「令の定める祈年祭に先行する可能性の強い予祝祭である」としているが、この解釈は正しく、きわめて重要な意味をもつ［井上光貞：一九七六］。

『延喜式』段階で、白猪に白馬が代わった理由は、宮中行事においてウマが重視されたためだろう。毎年正月七日の宮中行事には、白馬節会《あおうまのせちえ》が行われていた。もともとは中国思想の影響であり、春の陽を意味する青陽で青馬を見る儀礼だが、これが日本に伝わって年中の邪気を祓う白馬が神聖視されるようになった。しかし、これはどう考えても、中国思想を積極的に採用した古代律令国家成立後のこととすべきだろう。

しかも実際には青馬が用いられたが、これを白馬と表現したのは『延喜式』段階からであったという指摘も重要である〔山中：一九七二〕。一〇世紀の日本では穢れを祓う神聖な色として白が重視されていたことから、国家儀礼の解説書である『延喜式』や、実際の祭祀を司った忌《いん》部《べ》（斎部）氏の『古語拾遺』では、イノシシもウマもニワトリも白でなければならなかったのである。

白馬節会においても、ここでは白馬を神前で回らせるだけで、供犠を伴うものではなかった。すでに『延喜式』段階では、穢れに対する意識が増大していたことから、白猪・白鶏も実際に供犠されたものとは思われない。こうした国家儀式の変容の結果、白猪ではなく白馬が、その冒頭に置かれたのであり、もともとの御歳神への供物はイノシシであったが、国家レベルでウマが重視されたことから、白馬が後に付加されたにすぎないだろう。

これに関しては、すでにみたように、弥生時代のシカ猟に代わって、古墳時代にイノシシ猟の重要性が強調されたという事実がある。古代統一国家成立の前段階においては、イノシシの供犠に重要な意味があったことになる。

これまでみてきたように、農耕と野獣供犠の伝統からすれば、御歳神社では、年穀の豊穣を期待する祈念祭に、野獣であるイノシシを捧げることが本義であったと考えるべきだろう。これは御歳神への祭祀が、それまでの古い伝統を守って、まさに弥生的供犠の伝統を受け継いでいたことを示すものであった。国家レベルの祭祀を司る多くの神社の祈年祭のなかで、御歳神社のみが独自の供物を捧げたのは、そうした事情によるものだろう。

まさに御歳神の神話は、いわば動物供犠における野獣から家畜へと移行していく時期の動揺を物語るものといえよう。伝統的なイノシシ供犠と新たなウシの供犠をめぐって、国家レベルでも混乱が生じたが、天武天皇四（六七五）年の殺生禁断令の内容を考慮しておく必要がある。つまり牛馬の屠殺を禁止しつつも猪鹿については一言も触れていないという法令を思想的背景としていたからこそ、『古語拾遺』で、御歳神はウシの供犠を認めなかったのである。

そもそも忌部氏が著した『古語拾遺』は、藤原氏に対抗するための伝承で、記紀とは異なる特色をもつとはいえ、やはり理念的には古代国家を支える側のものであった。古代国家の方針は、次節でみるように、家畜供犠についても排除へと向かうことから、九世紀初頭に記された御歳神神話は、大地主神に対して行われていたような新たなウシの供犠と食用を、国家的な立場から否定したものと考えるべきだろう。

第三節　大陸・半島的供犠の否定

漢神の祭とその禁令

先にも述べたように、七世紀以降、牛馬は村落レベルにまで著しい浸透をみせ、祭祀に用いられるようになっていた。『日本書紀』皇極天皇元（六四二）年七月二五日条には、次のような記事がある。

> 群臣相語りて曰わく、村村の祝部《はふりべ》の所教《おしえ》の随《まま》に、或いは牛馬を殺して、諸《もろもろ》の社の神を祭る。或いは頻《しきり》に市を移す。或いは河伯《かはく》を禱《まつ》る。既に所効《しるし》無しという。蘇我大臣報《こた》えて曰わく、寺寺にして大乗教典を転読《よ》みまつるべし、悔過《けか》すること、仏の説きたまう所の如くして、敬《いな》びて雨を祈《こ》わん。……辛巳（二八日）に微雨ふる。壬午（二九日）に、雨を祈うこと能わず。故《かれ》、経を読むことを停む。八月の甲申の朔《ついたち》に、天皇、南淵の河上に幸して、跪きて四方を拝む。天を仰ぎて祈いたまう。即ち雷なりて大雨ふる。遂に雨ふること五日。溥《あまね》く天下を潤す。……是に天下の百姓、倶《とも》に称万歳《よろこ》びて曰《もう》さく、至徳まします天皇なりともうす。

これはウシの供犠を否定した御歳神の神話と深く関わるもので、ここには古代の動物供犠における重要な問題が見え隠れする。

ここでは村々の祝部が教えるままに、人々は牛馬を殺して神社に祀ったり、市を移したり、川の神に祈ったりしている。そうした群臣たちの話に、蘇我入鹿は、寺院でお経を読ませ、慎むことが仏の教えなので、これを敬して雨乞いをすべきだとした。

まもなく雨は降ったが、少しばかりで翌日には止んでしまい、雨乞いにはならないので、読経を止めさせた。八月になって、天皇が明日香村の南淵の川上に行き、四方を拝み天に祈ると、たちまちに五日も続く大雨となり、すべての水田が潤った。そこで百姓たちは、徳の高い天皇だと賞賛したという話になっている。

まず、もともと猪鹿を屠って神々へ供えていた祝部が、この段階では牛馬の屠殺によって降雨祈願の指導を行っている点に注目すべきだろう。また市を移したり、川の神に祈ったりするのも、中国的な雨乞いの伝統で、祝部たちが中国からの影響を強く受けはじめていることがわかる。

しかし民間的な牛馬の供犠では雨を降らせることができないとするのは、国家的な儀礼の効果を強調する説明にすぎない。ただ蘇我入鹿が推奨する読経や悔過《けか》という仏教呪術も、全く役に立たないわけではなかったが、この記事には、仏教よりも天皇の霊力の方が高いという意図が込められている。

基本的に古代の祈雨行事では、仏教よりも神祇が重視されたことが指摘されている［笠井：一九七九］。やがて平安期になると、空海の神泉苑龍王伝説が成立し、仏教による祈雨が主流になるが［籔：二〇〇二］、とくに古代でも律令国家の体制が整う以前においては、天皇の統括する神事こそが最高のものとされており、天武天皇四（九七五）年の殺生禁断令以降は、民間で行われていた動物供犠による雨乞いを認めるわけにはいかなかったのである。

大陸・半島的供犠の否定

牛馬の供犠による雨乞いは、明らかに黄河文明の系譜を引く中国的な信仰で、朝鮮半島経由で伝わったが、牛馬をはじめとする五畜の殺生を禁じた古代国家の下では、否定されるべき対象となった。もちろん天皇が河畔で行った四方拝も、朝鮮では水辺や山岳で、また中国では天壇で行われたもので、王や皇帝が降雨を祈る儀礼を、日本的に翻案したにすぎないが、これに動物供犠が伴わなかったところに大きな特色があった。

しかし古代国家は、律令体制という新たなシステムを導入する一方で、その日本的な適応も図った。天皇権威の源泉は神祇信仰にあったが、八百万《やおよろず》の神々のなかから稲作に深く関わる天津神系に重きをおき、アマテラスを中心とした神々の体系を築き上げた。しかし地方に勢力を有していた国津神系の祭祀を、無視することはできなかった。

すでに第四章でみてきたように、日光や諏訪あるいは阿蘇などのような地方の神々への祭祀、つまり農耕のための弥生的な野獣供犠については、これを一気に否定することは難しかった。それは先の御歳神の神話、すなわち祈年祭の初源が物語るように、日本では大陸・半島伝来の牛馬よりも、狩猟の対象であった猪鹿の供犠が重視されていたからである。古代国家は、殺牛祭祀のような家畜の屠殺を禁じても、野獣である猪鹿の屠殺については容認していた。

すなわち先にも触れた天武天皇四（六七五）年のいわゆる肉食禁止令も、ウシ・ウマ・ニワトリ・イヌ・サルを対象としたが、猪鹿については禁令の対象とすることはできなかった［原田：一九九三］。これは猪鹿の供犠を許容したことも意味するもので、第三章第三節でみた孔子を祀る釈奠《せきてん》において、中国の正式の三牲であるウシ・ヒツジ・ブタが、日本では大シカ・小シカ・イノシシという野獣へと変化したことと深く関連する。つまり古代国家の下でも、野獣を用いた弥生的供犠については、簡単には払拭しえなかったのである。

ところが牛馬を移入した七〜八世紀以降においては、次節でみるように、新たな家畜を用いた大陸・半島的供犠が急速にその比重を高めていった。そうしたなかで、土木や運搬さらには農耕に重要な役割を果たす牛馬の供犠は、大きな社会的問題となった。このため古代律令国家は、八世紀に入ると明確に牛馬の供犠の禁止を打ち出した。『続日本紀』巻一四の聖武天皇天平一三（七四一）年二月七日条には、次のようにある。

詔《みことのり》して曰わく、馬・牛は人に代りて、勤《いそ》しみ労《つと》めて人を養う。茲《ここ》に因りて、先に明き制有りて屠り殺すことを許さず。今聞かく、国郡禁《いさ》め止むること能わずして、百姓猶屠り殺すこと有りときく。其れ犯す者有らば、蔭贖を問わず、先ず決杖一百、然して後に罪科すべし。

国家としては、牛馬は人の代わりに働いてくれるものであるから、前に出した法令のように、これを殺すことは許されない。しかるに聞くところでは、地方の国や郡などでは、これを止めることができずに、百姓たちが殺しているという。もし法令に違反する者があれば、身分によらず百叩きの上で罪科に処すとしている。

さらに『類聚三代格』禁制事に収められた延暦一〇（七九一）年九月一六日の太政官符から、それが漢神《からかみ》への捧げものであったことが明らかとなる。

応《まさ》に牛を殺し祭に用いて漢神を祭る事を禁制すべし

右、右大臣宣ぜらると称し、勅を奉り、聞《きく》が如く、諸国の百姓牛を殺し祭に用いること、宜しく厳しく禁制を加え、然《しか》りとなさしむこと莫《なか》るべし、若し違犯有れば、故《ことさら》に殺馬牛の罪の科《とが》とすべし

延暦十年九月十六日

ここでは、さらに諸国の百姓たちが、ウシやウマを殺して漢神に捧げていることがわかるが、これについては厳正に処罰せよと命じている。また『続日本紀』同年同日条にも、「伊勢・尾張・近江・美濃・若狭・越前・紀伊等の国の百姓の、牛を殺して漢神に祭るに用いることを断つ」とみえる。なかでも中国に近い越前は、この習俗がとくに根強かったようで『日本紀略』延暦二〇(八〇一)年四月八日条に「越前国に牛を屠りて神を祭ることを禁断せしむ」とある。

いずれにしても、先の天平一三年の詔と、この延暦一〇年の太政官符からは、牛馬が漢神に捧げられていたが、国郡レベルで禁止しても効果がないので、改めて国家が強力な禁制を出したという事情が窺われる。

動物供犠への国家的対応

こうした牛馬の供犠については、本章第一節で考古学の発掘事例をみたように、八〜九世紀

になると、かなり広汎に行われるようになっていたことは明らかである。しかし、それらはあくまでも禁止の対象とされていた。

ただ古代国家は、動物の供犠を完全に否定したわけではない。『日本紀略』延喜一〇（九一〇）年七月一〇日条に、「日来炎旱す、諸国の神社に詔し、山川に奉幣して牲を投じ、また骸を掩《おお》い胔《しし》を埋む、猟を禁じ漁《すなどり》を制す、また天下に赦《ゆる》す」とある。旱魃に及んだので、諸国の神社に命じて、山川に祈って牲を捧げ、遺体についてはこれを蔽って肉を埋め、狩猟・漁撈を禁じて、国家として赦免を行ったとしている。

ちなみに東京大学史料編纂所の簡易年表『史料総覧　巻一』は、この記事を引いているが、なぜか「牲を投じ」の部分のみを省いた記述となっており、その後のさまざまな年表類も、この省略を踏襲している。今日においても東京大学史料編纂所という正史編纂の立場からは、動物供犠の存在は無視されているのである。肝心の山川に牲を投ずるという記述は、第二章でみた朝鮮半島の雨乞いを彷彿とさせるもので、明らかに動物供犠が行われていたことを示しているが、猪鹿か牛馬かについては触れていない。

これまでの文脈からすれば、とうぜん犠牲は猪鹿と考えられるが、この場合「猟を禁じ」という部分と矛盾する。ただ天武天皇四（六七五）年の殺生禁断令では、猪鹿の肉食を認めながらも、稲作期間の狩猟については、これを禁じている点に注目すべきだろう。おそらく現実に厳しい旱天が続けば、動物供犠を実行させるほかなかったものと思われる。しかし国家としては、殺生が農耕の不順をもたらすという観念に変化はなかったことから、こうした表現になったとすべきだろう。

それゆえ歴史的には、あくまでも農耕のためには殺生禁断が大切で、狩猟や漁撈は悪であるという価値観が、しだいに社会的に浸透していった。米志向を全面に押し出した天武天皇四年以降、積極的に殺生や肉食を穢れとして否定したため、鹿食も穢れとなり、その度合いが次第に増大していくことから、家畜のみならずやがては野獣の供犠についても、これを遠ざけていくところとなるのである。

動物供犠への宗教的対応

それゆえ牛馬の供犠については、国家的のみならず宗教的にも、これを禁ずるような価値観が形成されていく。弘仁一三（八二二）年の成立とされる仏教説話集『日本霊異記《りょうい》』中巻第五には「漢神の祟《たたり》に依り牛を殺して祭り、又放生の善を修して、現に善悪の報を得る縁」という話が収められている。

摂津の国の東生《ひがしなり》の郡撫凹《こおりなでくぼ》の村に、一の富める家長の公有り。姓名未だ詳ならず。聖武太上

> 天皇のみ世に、彼の家長、漢神の祟に依りて祈《のり》し、祀るに七年を限りて、年毎に殺し祀るに一つの牛を以てし、合わせて七頭を殺しき。七年にして祭り畢《お》わり、忽《たちま》ちに重き病を得《う》。又七年を経る間に、医薬方療して猶愈《やす》まず。卜者《かんなぎ》を喚び集えて、祓《はら》え祈禱《のみいの》れども、また弥《いや》増《まし》に病む。茲《ここ》に思わく、我が重き病を得しは、殺生の業に由るが故に、病に臥せる年より已来月毎に闕《か》かず、六節に斎戒を受け、放生の業を修し、他の含生の類を殺すを見れば、論ぜずして贖《あがな》い又八方に遣し、生物を訪《おとの》い買いて放つ。

現在の大阪市東成区あたりの村に裕福な農民がおり、八世紀中期頃に、先にみたような聖武天皇の詔に反して、漢神を祀って七年間毎年一頭ずつウシの供犠を行った。ところが祭の後、彼は突然に重病におちいった。いろいろ手を尽くしたが、いっこうに効き目がないので、六斎日ごとに斎戒し、生き物を放すことを心掛け、殺されそうな動物がいると、それを買い求めて助けるなどした。

そして七年が経ち、いよいよ臨終という際に、捧げられたウシの化身である七人の牛頭の非人が、閻魔大王の前で彼を非難し、ウシが殺された時のように、膾机と小刀を持ち出し刻んで食うべきだと主張した。

これに対して、突如現れた千万余人が彼の縄を解き、ウシを捧げたのは祟れる鬼神を祀るためで、彼の咎ではないと弁護した。激しい議論の末、閻魔大王は多数決で千万余人に理があることを認めた。彼を弁護したのは、まさに放生によって助けられた動物たちで、その恩返しのために彼を救った旨を明らかにした。

そして閻魔大王のところから蘇った彼は、以後、漢神を祀らず仏法に帰依して、寺を建て仏を安置し、仏法に励んで放生を繰り返した。このため元気に九〇歳まで生き、大往生を果したという仏教説話で、典型的な殺生禁断の教えとなっている。

ここでは、ウシを犠牲として捧げ膾《なます》にして食べるという漢神の祭祀が、もっとも非難されるべき行為の対象として描かれている。こうした漢神祭祀は大陸・半島的な供犠で、農耕のためのものであろうが、これにはウシが供され、屠って共食するという儀式が伴っていた。

こうした牛馬の供犠は、野獣である猪鹿を用いた弥生的供犠の伝統のみならず、古代国家が七世紀後半以降に出し続けた殺生禁断令に反するものであった。そして九世紀になると、国家の強い後押しと、仏教説話の民間への浸透によって、殺生という行為を悪とし、これを犯せば罪におちいるとする教えが、徐々に民間に広まっていった。

そうしたなかで牛馬を神に捧げる漢神の祭は、社会的には否定の対象とされていった。しかし大陸・半島的な家畜の供犠は、効力が高いと考えられて根強い支持を受けていたところから、単なる国家の政策や仏教の倫理によって、簡単に一掃されるようなものではなかった。

第四節　家畜供犠の伝統

中世の雨乞い供犠

雨乞いのために牛馬を捧げる大陸・半島的供犠は、禁止されながらも日本でも、広く行われた。古代国家の禁令から七〇〇年以上も経った中世の戦国期に、これに類する興味深い事例がみられる。

和泉国日根野荘の領主・前《さきの》関白九条政基は、現地に下向して自ら荘園の支配を行い、『政基公旅引付』文亀元（一五〇一）年七月二〇日条に、次のような見聞を記した。

近日炎干に依り、今日より滝宮社頭に於いて請雨の儀有り。地下〈犬鳴山七宝滝寺の寺僧等〉沙汰す。三ヶ日の中に必ず甘雨有るなり。若し降らざれば七宝滝に於いて沙汰す。其れ猶叶ざる時は不動明王の堂に於いて沙汰す。其の後猶降らざれば、件の滝壺へ不浄の物を入るに於いては〈鹿の骨或いは頭風情物《かしらふぜいのもの》と云々〉、必ず降らざる事なしと云々。〈三ヶ日

以後は四村の地下衆沙汰せしむなりと云々〉

日根野荘入山田村の滝宮社（現・泉佐野市大木の火走神社）の社頭で、村人たちによる雨乞い儀式が行われた。ただし、どうしても降らない場合は、特定の滝壺に、シカの骨か頭など不浄のものを投げ込めば、必ず雨が降ると信じられていたことがわかる。

ここではシカだというが、むしろ、これは例外とすべきだろう。政基の注釈は伝聞でもあり、牛馬の誤伝だった可能性も考えられる。第四章でみたとおり、日本の農耕儀礼では猪鹿の供犠が基本であったが、以下に示すように、雨乞いに関してはほとんどが牛馬であった。

近世・近代の家畜供犠

近世に入ると、村落レベルでも文字の使用が盛んとなり、各地に史料が残るようになるが、そうした地方の地誌や記録類などに、同様の牛馬供犠の事例がいくつもみられる。

例えば、大阪府池田市綾羽《あやは》に伝わる「伊居太《いけだ》神社日記」文政六（一八二三）年七月二三日条には、照り続く旱天に対して、「小ヤノ池」の水を利用している一二カ村から、一五歳以上の者が、その池堤に集まり、ウマの生首を生瀬奥の滝に沈めた旨がみえる（『池田市史 史料編③』）。

また箕面《みのお》市中井家文書中の「嘉永六年大干魃記録」にも、ウマを買い求めて箕面山に曳き上げ、岡で首を刎ね雄滝へ浸けたことが記されている（『箕面市史　史料編六』）。

このほか陸奥国津軽郡飯詰村の事例として、万延元（一八六〇）年成立の平尾魯僊著『谷能避寝記』巻五に、旱天には山中の雨池に、葬具や産屋の不浄物あるいは牛馬の骸骨などと投ずると記されている［本山：一九三四］。また文化一〇（一八一三）年序の『甲斐国志』第二巻にも、都留郡上・下大野村など四カ村の者が集まり、神主の家から借りたウシを天神淵に引き入れようとする儀式が記録されているが、これも、かつてウシの供犠による雨乞いを行っていたことの名残りだろう。

さらに岩手県閉伊郡遠野一帯の民俗事例として、『遠野物語拾遺』四二話に、滝壺のなかにウマの骨などを投げ込んで、その穢れで雨神を誘うという記述があるほか［柳田：一九三五］、和歌山県西牟婁《むろ》郡北富田村の「牛の首漬け」と呼ばれる事例では、ウシの首を切って牛屋谷の滝壺の棚に置くと、いかなる旱天でも雨が降り、穢れを洗い流すとされる［吉田美穂：一九一三］。

そして雨乞いのための牛馬の供犠は、しばしば新聞記事としても報道され、大旱魃となった大正一三（一九二四）年には、七月一二日の『東京朝日新聞』地方色欄に福島県南会津郡大戸村で、九月二日の『都新聞』諸国の噂欄にも広島県双三郡八幡村で、ウシの首を沼や滝に沈めたと報道されたほか、もっとも新しいところでは、昭和一四（一九三九）年八月三一日の『大阪朝日新聞』通信燈欄に、兵庫県川辺郡小浜村で川にウシを投げ込んだという話が写真付きで掲載されている。

　こうした牛馬による雨乞いの事例については、単なる伝承や模造牛馬の場合もあるが、狩猟一例に対馬のトラ一例も含めれば、現在のところ北は青森県から南は福岡県まで、合わせて四〇例を確認することができる［原田：二〇一二b］。これらは、たまたま文献に留められたにすぎず、記録されないままに途絶してしまった事例は膨大な数に達するだろう。しかも古代国家において法的に禁止されたにもかかわらず、一九三〇年代末まで現実に行われていた事実は、牛馬供犠の根強さを如実に物語っている。

　このような牛馬を用いた大陸・半島的供犠は、ほぼ全国に分布していることがわかるが、ここで第四章第四節において検討した猪鹿による弥生的供犠の事例と比較してみたい。やや事例は少ないが、弥生的供犠においては、日本列島でも関東以南とくに関西以西に広がり、東北には報告事例が全く見られなかったという点に注目したい。

　これは東北には、弥生文化が及びにくかったためで、ここでは弥生的な系譜を引く水田稲作のための猪鹿供犠が未発達で、その伝統が著しく弱かったことを意味しよう。これに対して、牛馬の供犠が広く東北にも存在するのは、古代国家が東北地方をも支配下に収め、水田開発政策を徐々に浸透させていった結果と考えるべきではなかろうか。

　おそらくは牛馬の普及が進んだ古代国家成立後に、水田稲作文化が東北地方へも及んだとこ

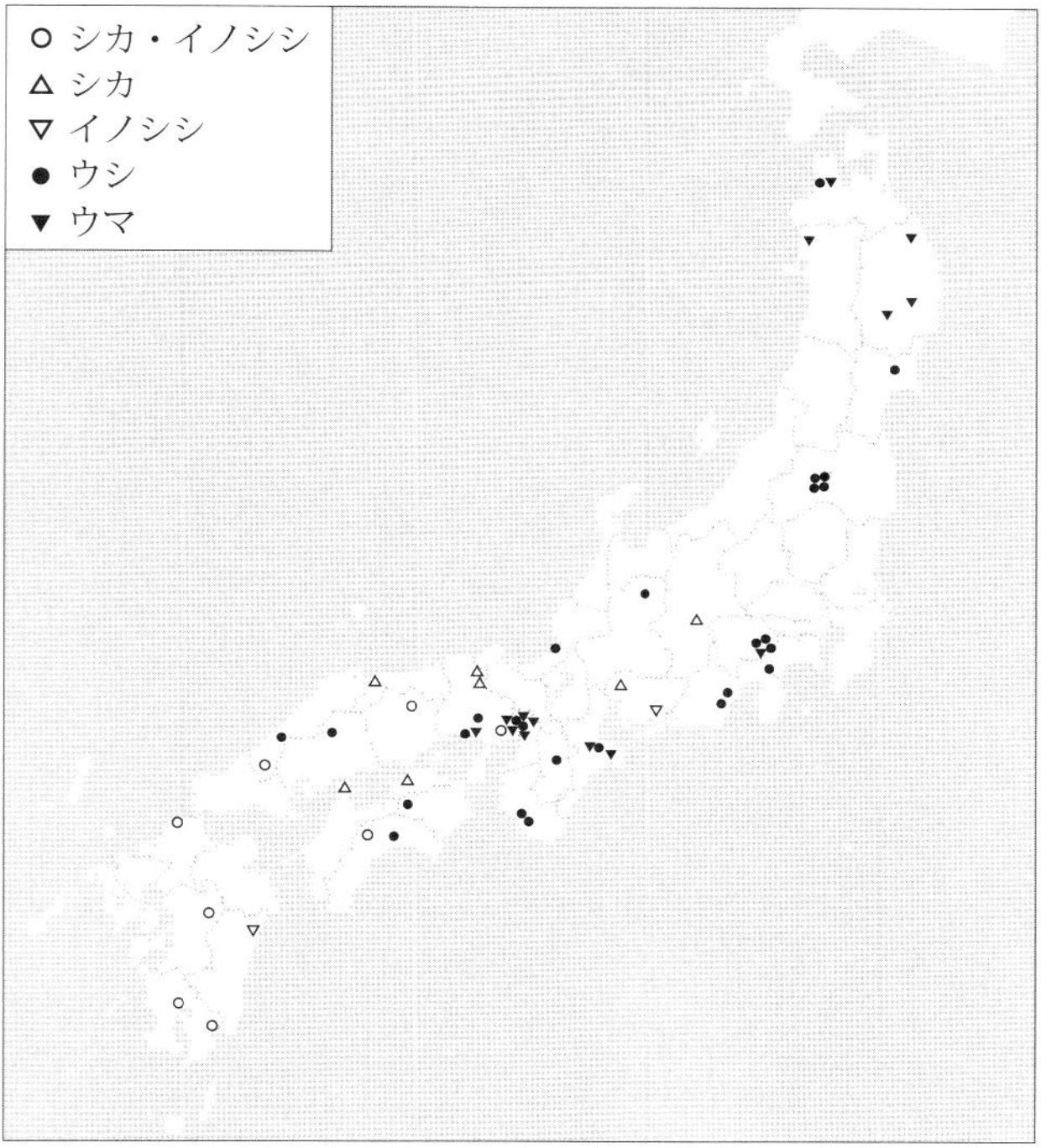

牛馬を用いた雨乞い供犠と猪鹿による弥生的供犠の分布

ろから、弥生的供犠の伝統のない地域にも、新たな牛馬による大陸・半島的供犠が広がっていったためと思われる。まさに猪鹿のような弥生的供犠は、おそらく二〇〇〇年以上、七世紀頃に移入した牛馬による大陸・半島的供犠でも、ほぼ一三〇〇年の長きに及んで、農耕のための動物供犠が日本で行われてきたのである。

供犠動物としてのウマ

しかし大陸・半島的供犠といっても、外来のものが変容することなく、日本社会に受け容れられたとは考えにくい。こうした問題は、とくに弥生の稲作文化の経由地となった朝鮮半島の事例と比較することで、日本の独自性がより鮮明になる。

日本の近世・近代にまで伝えられた雨乞いと、朝鮮半島で一九三〇年代まで続けられてきた祈雨祭を較べると、動物供犠として大きく異なるのがウマである。前節でみたように、近年まで日本でも牛馬を用いた雨乞い儀礼が続けられたが、朝鮮半島では第二章第四節でみた祈雨祭に、ウマを用いた事例は一例も存在しない点に注目すべきだろう。

大陸および半島では、ウシかブタあるいはヒツジ・イヌ・ニワトリといった食用家畜が五牲として用いられた。古く周代にはウマを加えた六牲であり、第二章第一節でもみたように、『史記』においても白馬を水神に捧げているが、漢代以降はウマを除いた五牲に定着した。かって日本中世では馬肉には毒があると信じられたが［原田：一九九三］、その源流は中国にあり、『史記』秦本紀に「吾聞く、善馬の肉を食いて、酒を飲まざれば、人を傷《そこな》う」とある。

黄河文明の系譜を引く古代中国国家では、畑作と並んで牧畜も主要な生業で、基本的に乳利用が可能な動物が供犠の対象とされてきた。むしろウマは騎馬の伝統が物語るように、家畜管理の重要な手段で、かつ食用とはなりにくかった。それゆえ中国では馬肉に毒があると考えられたのである。ちなみに日本では、馬肉を毒として馬肉の刑なるものを考案したのは中国に通じた知識人たちで、考古事例などからは一般に広く食されてきたとみなすべきだろう。

民俗としてのウマの供犠

もちろん日本への移入についても、ウシよりもウマの方が早く、政治的にもウマが優先された。ウマは威信財としても価値が高かったが、農耕という観点から、その儀礼に用いるようになった。これまで文献や考古遺物でみてきたように、日本では牛馬を用いた動物供犠が、たびたびの禁令にかかわらず行われてきたが、少し民俗的事例をみておこう。

古くから民間でも、正月にはウマの頭の作り物をもって祝言を唱えて歩く門付《かどづけ》芸の春駒《はるこま》がある。春駒は、歌舞伎舞踊の曲名としても知られるほか、郷土玩具にもなっているが、古くから農耕または養蚕の予祝儀礼として広く行われてきた。とくに東日本においては、農耕儀礼と密接な関係にあった。

『遠野物語』の原話を伝えた佐々木喜善は、東北地方での養蚕の神・オシラサマは、神体とする桑の棒先に、ウマの頭を描いたり彫ったりもすることから、むしろ農神とすべきだという見解を公にしている。さらにオシラサマを川に流す習俗は、馬首を淵や沼などに投げ入れる雨乞い儀礼の名残りと考え［佐々木喜善：一九三一b］、実際に多くの家々に、ウマの頭骨が雨ざらしのまま保管されていたとしている［佐々木喜善：一九三一a］。

これに関して考古学の立場から松井章は、この佐々木の目撃談を引用した上で、広島県福山市の草戸《くさど》千軒《せんげん》遺跡では、室町期後半の池に投棄されたウシが胴体のみで首のないことや、千葉県木更津市のマミヤク遺跡でも、近世の土坑から頭部のないウマの遺体が発見され、これには頭部から外された下顎骨が添えられていたとする。これらは牛馬の頭蓋骨を意図的に保存し、雨乞いなどに供えたものと推定している［松井：二〇〇三a］。

さらに四国では徳島県を中心に、各地に首なしウマやウマの首が突如現れるという伝承が数多く存在する［佐々木高弘：二〇〇九］。また、これより先に中山太郎（駒込林二）も、佐々木と同様の見解を提示しており［駒込：一九二五］、これらの話の背景には、ウマの首を切り落として雨乞いに用いた行為が、広く人々の記憶にあったと考えるのが自然だろう。

いずれにしても牛馬を用いた雨乞いの供犠は、政策的にも宗教的にも禁じられるところであったが、現実にはより豊かな稔りを求めて連綿と続けられてきた。農耕をもっとも重要な生業に位置づけようとした日本では、ウマは耕作に重用されたがゆえに、農耕のための供犠動物としても重視された。古代北方中国の牧畜文化の流れを汲む朝鮮半島と日本は、ウマの供犠を積極的に行った点において異なり、それぞれ独自な動物供犠の展開を遂げたのである。

日本における供犠と穢れ

大陸・半島的動物供犠のうち、日本でもっとも実質的に重視されたのが穢れであった。穢れについては、中国・朝鮮でも問題とされるが、日本の農耕儀礼としての動物供犠では、穢れがもっとも重要な要素となる。第四章第一節で紹介したイェンゼンの理論に代表されるように、一般に動物の供犠は、死と再生という観点から説明される。

すなわち生命を絶ち切った形で供物として神に捧げ、新たな作物の豊かな再生、つまり豊穣を期待するところにポイントがある。ところが日本の家畜供犠では、そうした発想はみられず、捧げられるべき神が不在となっている。こうした大陸・半島的供犠は、当初、漢神に対するものであったが、法令で繰り返し否定されたことから、『古語拾遺』でみたように、大地主神へと変化している場合もあり、定まった降雨のための神が存在したわけではない。

その後、近世などでは、祈雨の際に神社に集まることはあっても、儀式が執り行われるのは山川や滝壺であり、神に牛馬の生命を捧げたとみなすことはできない。むしろ穢れによって降雨が将来されるという論理構造をもつことに注目しなければならない。もちろん祭祀の原理が、必ずしも実施者に理解されているわけではないが、こうして穢れを強調するところに牛馬供犠の日本的特徴がある。

これに関しては、安永二(一七七三)年刊の『雲根志《うんこんし》』前編巻一「鮓答祈雨《さとう》」に、次のような興味深い話が収められている。近江の大津三井寺《みいでら》には赤井の水という霊水があり、近郷の者たちは雨乞いの際に、この水に「穢多《えた》」を連れ行き投げ入れると、たちまちに雨が降るという。その理由として、牛馬の腹中に出来る不浄な鮓答という舎利(=石)、つまり一種の結石であるが、そうした不浄のものを神檀に供えると雨が降る、という伝承の説明がなされている。

この話は、赤井の霊水と牛馬の鮓答という二つの要素からなるが、ここでは、すでに農耕のための大陸・半島的家畜供犠が、単なる雨乞いという儀礼に転化しており、牛馬の供犠自体も欠落した形となっている。しかし、やはり牛馬を用いねばならないとする点が重要で、ここに古代以来の名残りがとどめられているが、牛馬の体内に形成される鮓答を穢れとみなし、「穢多」を水中に投げ入れることに力点がおかれている。つまり穢れこそが、もっとも重要な雨乞いの要素と考えられている。

こうした文脈で、日本の大陸・半島的供犠を理解しようとすれば、先の『政基公旅引付』で牛馬の代わりに猪鹿が用いられたことや、近世・近代にまで残った牛馬の供犠が、すべて穢れによって雨をもたらすという論理で説明されることも、矛盾なく理解できるだろう。牛馬の屠殺は、生命を奪うことよりも、穢れを人為的に生じさせることに目的があり、それを洗い流すために雨が降るという論理が、もっとも重視されたのである。

これは大陸・半島的家畜供犠が、歴史的に殺生や肉食を禁じられたなかで、捧げるべき神を失い、極端に日本的な変容を遂げた結果といえよう。表向きとはいえ、殺生自体に圧力がかかり、狩猟そのものが社会的に衰退していくなかで、弥生的な野獣供犠は、第四章でみたように山間部などに一部残るところとなったが、ほとんどは近世に消滅してしまった。

しかし大陸・半島的家畜供犠が、二〇世紀にまで残った理由は、そうした日本的変容を遂げることで、民間にもわかりやすい論理構造に再構築されたためだろう。すでに第二章でも述べたように、朝鮮半島においても、中国からの動物供犠をそのまま受け容れたのではなく、山岳や河川に対する自然信仰と融合させながら独自の祭儀を創出したが、日本では、そこに大きな役割を果たしたのが穢れだったのである。

穢れの日本的特色

もちろん朝鮮半島においても、厄災から守り豊穣を祈る部落祭などでも、清浄という観念は大いに重視された。その祭主は不浄のないことが絶対の条件で、構成員にも斎戒が求められ、例えば屠殺や飲酒・肉食を行うことは厳禁とされた。ただ日本と大きく違うのは、祭祀の供物には「肉・餅・果物・酒」が供され、祭主の肉食は不可とされるが、構成員には及ばず、食肉そのものは穢れとされていない点である［朝鮮総督府：一九三七］。

さらに穢れの意識は、中国にもあり、仏教や道教さらには儒教などでも、浄と不浄は問題とされていた。とくに道教の上清派に、食物禁忌の傾向が顕著で、その経典『真誥《しんこう》』巻一〇には、「六畜五辛の味を禁ず」とみえ、道士たちは畜肉や辛味を戒めの対象としていた。そして肉食についても『上清太上帝君九真中経《じょうしんだじょうていくん》』巻上「太一玄水雲華漿法」などに「長生不老服薬の後、死屍を見、血を臭《か》ぎ、五辛及び一切の肉を食うを禁ず」とあるように、不老長寿を願う際には禁忌とされていた。

これらは道教で殗穢《えんえ》と呼ばれるもので、四世紀末〜五世紀の新道教運動において、とくに神に接する作法として重視され、やがては国家祭祀にも採り入れられるなど、社会全体にも根強く広まっていた［都築：二〇〇五］。道教的な穢れの観念は、六世紀以降に朝鮮半島経由で日本に入り、七世紀末から八世紀初頭の律令祭祀儀礼にも、道教の斎戒儀礼などが色濃く反映されたという［勝浦：二〇〇六・〇七］。

すでに三世紀後半成立の『魏志』倭人伝には、日本では服喪中の人々や、さまざまな安穏を祈る役割を負った持衰《じすい》は、肉を食べてはならないとする旨がみえる。この記事からは、穢れという観念の移入以前に、すでに肉食への忌避意識が存在していたことがわかる。天平勝宝九（七五七）年に施行された『養老律令』神祇令には、大嘗祭の散斎《さんさい》つまり軽い斎戒の規定が詳しいが、ほとんどが唐令の模倣で、しかも道教的な斎戒によるものとされている。しかし「宍食《ししは》むことを得じ」とする肉食禁忌だけは、日本令独自の規定であった点が注目される。

なお肉食を穢れとしたもっとも早い事例は弘仁一一（八二〇）年撰進の『弘仁式《こうにんしき》』で、全文は伝わらないが、一〇世紀前半の有職《ゆうそく》故実を記した『西宮記《せいきゅうき》』には「或る記に云く、弘仁式に云う、穢忌の事に触れ忌に応ずれば、六畜……其の完（宍）を喫《くらわ》ば、……三日」とする逸文がみえ、以後、肉食の穢れに関する記載は、諸書にしばしば登場するようになる［三橋：一九八九a・b］。

この『弘仁式』逸文の穢れ規定は、より体系化されて『延喜式』にも引き継がれ、同書巻三臨時祭には「凡そ甲の処に穢れありて、乙其の処に入らば〈着座と謂《い》うも、下また同じ〉、乙に及び同じき処の人皆穢れとなる」とあり、さらに穢れは同様に丙にも及ぶとされている。つまり穢れた人物と同座すると、その人々にも穢れがうつって、それは三回で止まるという触穢三転の思想が、遅くとも一〇世紀初頭に成立していたことになる。

そして治安《じあん》年間（一〇二一〜二四）頃の成立とされる『北山抄《ほくざんしょう》』巻四　雑穢《くさぐさのけがれ》事には、同じく触穢三転に関する注記として「今案ずるに、飲食も之に同じ」とあり、この頃から同座のみならず、いわゆる合火《あいび》や又合火《またあいび》として、同じ火を用いた食事を共に食べることでも、穢れが三回までうつると考えられていたことがわかる。

しかも、『小右記《しょうゆうき》』万寿四（一〇二七）年八月条には、関白・藤原頼通の質問に対して、「天竺触穢を忌ざるは、余答て云く、穢は日本の事、大唐すでに忌穢を忌ず」と藤原実資《さねすけ》が答え、穢れは日本独自のことで、インドや中国にはこれを忌むということがないとしている。こうした認識は、穢れの歴史としては正しくはないが、日本における穢れ意識の強さを物語るもので、一一世紀には極度に肥大化していたことがわかる。

日本における動物供犠の特色

もちろん穢れはインドにも存在し、聖なるウシを殺す者や犬食を行う者は穢れとみなされ差別されたが、肉食一般が穢れとされたわけではない［小谷：一九九九］。さらに中国の穢れ観においては、とくに出産にまつわる産穢《さんえ》が強かったことが指摘されており［勝浦：二〇〇七］、日本では産穢よりも肉食の穢れの方が重視されたという点に留意すべきだろう。

なお中国においても米の重要性は高く、四世紀前半の『神仙伝』巻二王遠伝《おうえん》には、「米を以て其の穢れを祛《さ》らむと謂《おも》えるなり」とみえ、米に穢れを祓う霊力があるとみなされている。しかし、これは出産の穢れに関わるもので、産穢を祓う力が米にあったというが、畑作が大きな比重を占めた中国では、米の代わりに小豆や大豆でもよいとされ、広く穀類に呪力があると考えられていた［西岡：一九五二］。

また中国で成立をみたという経典『梵網経《ぼんもうきょう》』を重視した新羅仏教では、日本と同じように不殺生戒が受容され、八世紀中葉には、肉食そのものが殺生行為にあたるとする議論もあったが［尹：二〇〇八］、これは朝鮮の一部仏教界における極端な議論にすぎなかった。その後の朝鮮半島においては、肉食が一般に忌避されなかったばかりではなく、それが稲作の妨げになるという認識が生まれることもなかった。

こうしてみると、日本で発達した〝聖なる米〟のために〝穢れた肉〟を排除するという論理は、稲作が広く展開を遂げた東南アジア・東アジア世界のなかでも、きわめて異様なものであったと評せざるをえない。このような歴史的に形成された論理が、日本における動物供犠のあり方を、かなり特異なものにさせた最大の要因だろう。

縄文の狩猟を主要な生業の一つとしていた段階の動物祭祀が、弥生に水田稲作が移入され、広汎な展開を遂げていく過程で、農耕のための猪鹿の供犠へと転身を遂げた。これは古代国家も容認していたが、やがて大陸・半島的な家畜の供犠が入ってくると、農業労働に重要な牛馬の屠殺が禁じられるようになった。

すでに古代国家では、殺生禁断が農耕の振興や国家安穏に結びつくと考えられており、屠殺や肉食の穢れを排除すべきだとしたことから、牛馬のみならず猪鹿の供犠も、しだいに好ましからざる祭儀とみなされるようになった。このため動物供犠は、徐々に衰退の一途をたどるが、やはり農耕のために祈願を行うという事態を避けることは不可能で、雨乞いに貴重な家畜を捧げるという儀礼を捨て去ることは難しかった。

ただ、その際に、おそらくは逆に穢れによる厄災を怖れてか、屠殺を伴う供犠については、これを形骸化していった。猪鹿や牛馬の模造品を祭儀に用いるようになったが、これと並行して貴重な生命を捧げることに供犠の意義があったことを忘れ、屠殺という行為や血や骨・肉を穢れたものとみなして、それを清浄に洗い流すために雨が降るという独自の論理を編み出したところに、日本における動物供犠の最大の特色があったことになる。

なお肉食の忌避が社会的に浸透をみたことは、猪鹿あるいは牛馬の供犠の衰退に非常に大きな効果をもたらした。それは動物供犠には、第一章の沖縄の事例でみたように、必ず肉や血の共食を伴うからである。沖縄とアイヌの地である北海道を除けば、狩猟の盛んな山間部に、動物供犠が残ったのは、そこには肉食の伝統が根強かったからだといえよう。

終章　人身御供・人柱と首狩り

動物供犠から人身供犠へ

これまでは時代ごとに専門が分かれ、それぞれの時代の文献史料のみを扱ってきた日本の歴史学では、日本における動物供犠の実態を明らかにすることはできなかった。しかし通時的な歴史考察と考古学・民俗学、さらには中国史・朝鮮史や文化人類学などの成果を通じて検討していくと、文献史料には現れにくいさまざまな動物供犠が、広く全国的規模で、実に長きにわたって行われてきたことを、ここで明らかにしえたものと考える。

ただ残念ながら紙幅の関係から、ここでは、これまでの考察の意義を繰り返すことは避けることとしたい。また供犠をめぐっては、すでにフレーザーをはじめ、文化人類学の立場から、さまざまな理論的な言及がなされているが、これについては不充分ながらも整理を試みた別稿に譲ることとして［原田：二〇一二b］、ここでは割愛したい。

ただ理論的な問題は別として、供犠の大原則にだけは触れておきたい。供犠は、それが家族単位で行われるにしても、基本的には集団の安定と繁栄にある。つまり集団という共同体の存続と利益が何よりも優先される。祈りのために神に捧げる供物なり、その祭儀のための労力なり、具体的な形式はどうであれ、原則的には集団を構成する個々に、財の一部の提供が求められる。

それゆえ、こうした動物供犠の延長線上に、もっとも貴重な動物すなわち人間の問題が浮上してくるが、最後に、このことに関する展望を述べておきたいと思う。動物供犠を生贄と言い換えれば、人身御供を連想することも少なくないだろう。同じく犠牲を共同体の内部に求めるものに人柱があるほか、共同体の外に向けた首狩りなどの儀式が知られている。

こうした人身供犠については、すでに文化人類学が、東南アジアやアフリカの事例を検討している。これらは神話や祭祀劇などを素材としたもので、人身供犠の実際を記してはいないが、人類史のある段階ではありえたものだろう。とくにフレーザーが提起した殺される王の問題は興味深く、今日ではほぼ事実と考えられている［山田：二〇〇七a］。

彼は簡約版『金枝篇』第六章で朝鮮の王殺しについて触れているが［フレーザー：一九五一・五二］、これは『魏志』扶余伝に、「旧扶余俗、水旱調せず、五穀熟らざれば、輒《すなわ》ち咎を王に帰し、或る言には易《か》ゆるに当たるか、或る言には殺すに当たるか」とある部分を指す。すなわち天候の不調などで穀物が稔らなければ、その責任をとって王が交替するか、あるいは殺されるという旧俗が東アジアにも存在したことが窺われる。

さらに『呂氏春秋』季秋紀に、「天大いに旱《ひでり》し、五年収めず、湯《とう》乃ち身を以て桑林に禱《いの》る……身を以て犠牲と為し、用《もつ》て福を上帝に祈る」とあり、殷の始祖とされる湯が、旱魃の罪を自ら負って犠牲となったとしているが、これは中国にも紀元前三世紀頃に殺される王がいたことを示すものといえよう。なお『魏志』倭人伝で、災いを避けられなかった持衰《じすい》が殺されるのも、これらの延長線上に位置するとされている［白川：一九七九］。

オナリ女の存在

これらの事例から推察すれば、農耕の不順を背負って王や巫祝《ふしゆく》などが殺されることが、かつての日本にもなかったとは言い切れまい。日本における人身供犠については、さまざまな議論が展開された。柳田国男は、その存否をめぐって加藤玄智と論争を行ったが、彼には微妙な揺れがあったことが指摘されている［六車《むぐるま》：二〇〇三］。

明治四四（一九一一）年の加藤の人身御供実在論に対して［加藤：一九一一］、すぐさま柳田は反論を行い、動物供犠のさまざまな事例を紹介しながらも、日本には人身御供は存在しなかったとしている［柳田：一九一一］。しかし大正六（一九一七）年になると、柳田は「一目小僧」に「大昔のいつの代にか、神様の眷属にするつもりで、神様の祭の日に人を殺す風習があった」、あるいは「祭の度ごとに一人ずつの神主を殺す風習」があると述べて、神への生贄は神託や籤によって選ばれたとしている［柳田：一九一七］。

さらに人身御供と農耕の関係については、古くから田植神事にウナリあるいはオナリ女が登場し、田植の日に女が死んだとする伝承から、かつては農神にオナリ女が捧げられたという想定を行っている。そして田植の日に早乙女たちが泥を掛け合い、水田のなかで倒したりする例が残るのは、「太古の殺伐な儀式の痕跡」と理解できなくもない、という微妙な結び方をしている［柳田：一九一八a］。

こうした柳田の急激な変化は、フレーザーの影響によるもので、すでに明治四五（一九一二）年には、『金枝篇』五冊を英文で読破し［佐伯：一九八八］、大正七（一九一八）年の「橋姫」では、はっきりとフレーザーを引いた上で、日本における人身供犠の存在を認めている［柳田：一九一八b］。

ところが昭和に入ると再び柳田は、フレーザーへの批判に回る。昭和二（一九二七）年には、さまざまな人柱伝説を紹介し、それが水神信仰に繋がる点を重視しながらも、フレーザーの指摘は事実ではないとして、日本に人身供犠はなかったと主張を変更した［柳田：一九二七b］。

さらに水神に関わる人柱や人身御供譚は、あくまでも民衆が創り上げた物語だとみなして［柳田：一九二七c］、その後、この問題に関心を示すことはなかった。むしろ柳田の見解を承けて、新たに独自の理論を積極的に展開したのは中山太郎であった。

大正一四（一九二五）年、中山は「人身御供の資料としての「おなり女」伝説」を発表し、穀神に対する信仰の中心は女性であったとして、農耕と生殖の関係を強調した。そして田植に昼飯を持参するオナリ女が死んだ話や、嫁殺し田と呼ぶべき伝説などを紹介し、これらが農神への人身御供を物語るものだと考えた［中山：一九二五］。

この論考でオナリ女の話四例のほか、姑にいじめられて死んだ嫁が水田や田植と関係するという伝説九例を集めて、論拠の弱い先の柳田の想定を補強している。これらの伝承では、いずれも女性が死んだという話にとどまるが、ここに人身御供の存在を見いだそうとした中山の試みは重要で、農耕のための人身御供は、日本でもありえたものと思われる。

人柱と農耕

また同じ人身供犠でも人柱については、『日本書紀』仁徳天皇一一年一〇月条に、茨田の堤を築く際に、強頸《こわくび》と衫子《ころもこ》を人柱に立てようとした話がある。しかも強頸の場合には犠牲となって堤が築かれたが、衫子は知略によって河の神を治めたために犠牲にならずに堤を完成させた。

これは衫子が智恵によって人柱となることを回避してはいるが、同時に人柱が必要だと考えられていた時代状況を物語るものだとする指摘がある［三浦：二〇〇七］。

この場合、堤が農耕と密接に関わるのに対して、一般的に人柱伝説には、大阪の長柄橋をはじめ橋や城郭との関連が深い。実際に大正一四（一九二五）年には、江戸城つまり皇居二重橋の地下から立ち姿の四つの人骨が発見されているほか［六車：二〇〇三］、沖縄でも浦添グスクや首里城の城門・城壁の下から人骨の出土が確認されている［浦添市：一九八三、沖縄県：二〇〇三］。これらが実際に人柱だった可能性は高いが、城郭というケースから、人柱と農耕の関連性は薄いようにみえる。

しかし、かつて柳田が指摘したように、人柱と水神信仰とが密接な関係にあった点が注目される。また歴史学の側からも、人身御供は水に関わる神や怪物に捧げられるもので、人柱も城郭や橋のほか水利に関係することから、農耕のためのものと考えられている［椎野：一九九五］。ちなみに『古事記』『日本書紀』にみえる人身御供譚の原型ともいうべき奇稲田姫《くしなだひめ》の名が、稲田の豊穣を意味することは、人身御供と稲作の深い関連を思わせて興味深い。

首狩りと農耕

また首狩りについては、人身供犠を外部に求めたもので、頭蓋骨の保存などを伴う。これに関してはフレーザーが、簡約版『金枝篇』第一八〜二〇章で、インドネシアの事例などを断続的に取り上げたが、死霊との関連で触れているにすぎない［フレーザー：一九五一・五二］。しかし、その後の研究では、首狩りには狩猟民的文化要素もあるが、死と再生という観点からすれば、農耕民的な世界像に属するものとされている［大林：一九六六］。

とくに近年では、首狩りが豊穣をもたらすという観念が、台湾原住民の間に広く存在していたことが指摘されている［山田：二〇〇八］。台湾では敵の首を取ることが種に効いて豊穣をもたらすとされたほか、インドネシアでも豊穣をもたらすのみならず病気や痛みを遠ざけてくれるという［山田：二〇〇七b］。

いうまでもなく首狩りは、犠牲を外部に求める点に特徴があるが、もともと人身御供にしても外部の人間が用いられた可能性が高い。中国の殷代において、異族を犠牲としたという指摘もあり［白川：一九七二］、戦争が前提とされてはいたが、恒常的な戦争の終結後には、それが共同体内部に向けられたものと思われる。ちなみに台湾などの首狩りでは、敵対する集落の人間とは限らず、通りすがりの歩行者でもよいとされている。

これについては日本でも、愛知県稲沢市国府《こう》にある尾張の大国霊《おおくにたま》神社の追儺祭《ついなさい》には、旅人を捕らえて俎《まないた》に据え人身御供とするというストーリーが採られるほか、福岡県太宰府市にある筑紫の観世音寺《かんぜおんじ》にも、旅人を捕らえる同様の祭があり［六車：二〇〇三］、ともに首狩り的な側面が強いように思われる。

すでに近世段階で、この追儺祭では、生贄とされる儺負人《なおいにん》を雇うなど形式化が進んでいるが、その説明が興味深い。すなわち儺負人は、奇稲田姫の神事のために、大蛇に見立てられて神前に供えられるといい、最後には土で作った大きな鏡餅を背負わされる［同前］。ここに奇稲田姫が登場するのは、人身御供譚の伝統を引くためであろうが、鏡餅が用いられることは、やはり稲作との関連を暗示させる。

もちろん追儺は、人身御供を外部に求める点が首狩り的ではあるが、頭蓋骨は全く問題にされていない。それゆえこれを首狩り儀礼とみなすことはできず、日本では首狩りを思わせる事例は存在しない。しかし弥生文化の源流をなす中国西南部では、首狩りと稲作儀礼とが密接な関係にあったことも指摘されている［鳥越：一九九五］。

首狩り儀礼そのものではなくとも、再生と死を動物ではなく人間のレベルで象徴する儀式の一部や枠組みが、弥生時代に水田稲作に伴って、日本に伝えられた可能性はありえよう。すなわち農耕のための動物供犠に加えて、さらに貴重な人間を捧げるという事例が、日本に存在したとしても不思議ではなく、弥生の遺跡からは首なし人骨が出土する例も珍しくない。

農耕という生業は、一粒が何百倍にもなる効率の高い食料獲得法ではあるが、時には凶作に窮する可能性を有しており、稔らなければ悲惨な状態におちいる。これを本格的に採り入れた弥生以降においては、共同体の維持・安定を願うための動物供犠は、きわめて重要な祭儀とみなされ、その延長線上に人身供犠の問題が生じる場合もありえた。そうした民俗は、東アジア・東南アジア社会に広く浸透したが、初源において日本も決して例外ではなかったことを銘記しておくべきだろう。

参考文献・典拠文献（五十音順）

《参考文献》

安里進　一九九八『グスク・共同体・村』榕樹書林
安里進・土肥直美　二〇一一『沖縄人はどこから来たか』ボーダーインク（初出：一九九九）
飯田真　一九六〇『日光狩詞記』二荒山神社文化部
イェンゼン、E・アドルフ　一九七七『殺された女神』大林太良他訳　弘文堂
石田英一郎　一九四八『河童駒引考』筑摩書房（後に岩波文庫　一九九四）
伊藤幹治　一九七四『稲作儀礼の研究』而立書房
井上秀雄　一九八四「新羅の律令制の受容とその国家・社会との関係」『中国律令制の展開とその国家・社会との関係』唐代史研究会
井上秀雄　一九八六「百済の律令体制への変遷」唐代史研究会編『律令制』汲古書院
井上光貞　一九七六「補注（6）神祇令」『律令』日本思想大系　岩波書店
井上光貞　一九八四『日本古代の王権と祭祀』東京大学出版会
伊波普猷　一九四二「沖縄考　三　おきなはの嶽を中心として」『沖縄考』創元社（『伊波普猷全集』第四巻）
弥永貞三　一九七二「古代の釈奠について」『続日本古代史論集　下』吉川弘文館（後に『日本古代の政

治と史料』）
岩崎敏夫　一九六三　『本邦小祠の研究』岩崎博士学位論文出版後援会（覆刻版：一九七六）
尹鐘甲　二〇〇八　「新羅仏教の死生観と生命倫理」『死生学研究』九号　東京大学大学院人文社会系研究科
上田正昭　一九六七　「稲荷信仰の源流」『朱』一号、伏見稲荷大社（後に『稲荷信仰事典』）
上田正昭　一九九三　「殺牛馬信仰の考察」松前健教授古希記念論文集『神々の祭祀と伝承』同朋社出版
宇野円空　一九四一　『マライシアに於ける稲米儀礼』東洋文庫論叢第二八（再版：一九六六）
浦添市教育委員会文化課　一九八三　『今姿を見せる古琉球の浦添城跡　浦添城跡第一次発掘調査概報』
上勢頭亨　一九七六　『竹富島誌　民話・民俗篇』法政大学出版局
エリアーデ、ミルチャ　一九六八　『大地・農耕・女性』堀一郎訳　未来社
大城学　一九九一　「ハマエーグトゥ　知念村志喜屋」『おきなわの祭り』沖縄タイムス社
大林太良　一九六六　『神話学入門』中公新書
大林太良　一九七五　「鳥居龍蔵の日本民族形成論」『社会人類学年報』一号、弘文堂
大日向克己　一九九三　『古代国家と年中行事』吉川弘文館
岡部隆志　二〇〇七　「中国雲南省弥勒県彝《イ》族紅万村「火祭り」における動物供犠について」『東アジアにおける人と自然の対抗／親和の諸関係にかんする宗教民俗学的研究』科研研究成果報告書（代表・中村生雄）
岡村秀典　二〇〇三　『夏王朝』講談社（後に講談社学術文庫）
岡村秀典　二〇〇五　『中国古代王権と祭祀』学生社

沖縄県立埋蔵文化財センター　二〇〇三『首里城跡・右掖門及び周辺地区発掘調査報告書』
長田俊樹　二〇〇〇「農耕儀礼と動物の血 上・下」『日本研究』二〇・二一集　国際日本文化研究センター
小野重朗　一九七〇「山の神儀礼の展開」『農耕儀礼の研究』弘文堂
折口信夫　一九二四「信太妻の話」『三田評論』三二〇・三二二・三二三号（『折口信夫全集』第二巻）
折口信夫　一九三二「風土記に現れた古代生活」『岩波講座 日本文学』（後に「風土記の古代生活」『折口信夫全集』第八巻）
笠井敏光　一九七九「祈雨祭祀と殺牛馬」二葉憲香編『国家と仏教 日本仏教史研究Ⅰ』永田文昌堂
勝浦令子　二〇〇六「七・八世紀将来中国医書の道教系産穢認識とその影響」『史論』五九号
勝浦令子　二〇〇七「日本古代における外来信仰系産穢認識の影響」『史論』六〇号
加藤玄智　一九一一「宗教学と仏教史」『仏教史学』一巻二号
川平村の歴史編纂委員会　一九七六『川平村の歴史』川平村公民館
川野和昭　二〇〇〇「南九州の牲猟と頭骨祭祀」『東北学』三号
喜田貞吉　一九二一「祭政一致と祭政分離」『民族と歴史』六巻六号
北見俊夫　一九五五「奄美諸島の稲米儀礼と先祖祭」『鹿児島民俗』七号　鹿児島民俗学会
宜保栄治郎　一九八一「牛を焼く祭りについて」『沖縄民俗研究』三号　沖縄民俗研究会
久保和士　一九九九『動物と人間の考古学』久保和士遺稿集刊行会編、真陽社
栗原朋信　一九六九「犠牲礼についての一考察」『福井博士頌寿記念東洋文化論集』早稲田大学出版部
小谷汪之　一九九九『穢れと規範』明石書店

駒込林二（中山太郎）　一九二五「動物を犠牲にする土俗」『中央史壇』生類犠牲研究特集号（後に礫川全次編『生贄と人柱の民俗学』）
西郷信綱　一九七三「イケニヘ考」『現代思想』一〇月号（後に『神話と国家』一九七七）
佐伯有清　一九六七『牛と古代人の生活』至文堂
佐伯有清　一九八八『柳田国男と古代史』吉川弘文館
桜井秀雄　一九九二「殺牛馬信仰に関する文献史料の再検討」『信濃』四四巻四号
桜井秀雄　一九九六「牛と馬と猪と鹿と」『長野県の考古学』長野県埋蔵文化財センター研究論集Ⅰ
佐々木喜善　一九三一a「馬首飛行譚」『郷土研究』五巻第一号　郷土研究社
佐々木喜善　一九三一b「馬首農神譚」『郷土研究』五巻第三号　郷土研究社
佐々木高明　二〇〇三『南からの日本文化 上・下』日本放送出版協会
佐々木高明他編　一九八八『畑作文化の誕生』日本放送出版協会
佐々木高弘　二〇〇九『怪異の風景学』古今書院
佐々木達也　二〇〇五「天田遺跡試掘調査」『平成一五年度防府市内遺跡発掘調査概要』防府市教育委員会
佐原真　一九八二「三十四のキャンパス」小林行雄博士古稀記念論文集刊行委員会編『考古学論考』平凡社
椎野若菜　一九九五「古代日本の供犠に関する一考察」佐伯有清先生古希記念会編『日本古代の祭祀と仏教』吉川弘文館
嶋崎弘之　一九八〇「縄文中期の動物供犠」『どるめん』二七号

島村幸一　二〇〇〇「八重山歌謡の展開」『沖縄八重山の研究』法政大学沖縄文化研究所沖縄八重山調査委員会　相模書房
下中邦彦編　一九八三『高知県の地名』日本歴史地名大系　平凡社
白川静　一九四八「殷の社会」『立命館文学』六二号（『白川静著作集』第四巻）
白川静　一九五八「中国古代の共同体」『古代学講座　共同体の研究　上』理想社（『白川静著作集』第四巻）
白川静　一九七二『甲骨文の世界』平凡社東洋文庫
白川静　一九七五『中国の神話』中央公論社（後に中公文庫）
白川静　一九七六『漢字の世界　2』平凡社東洋文庫
白川静　一九七九『中国古代の文化』講談社学術文庫
鈴木正崇・金丸良子　一九八五『西南中国の少数民族』古今書院
薗田香融　一九六三「古代の珍味」『史泉』二七・二八合併号、関西大学史学会
高橋護　一九九七「縄文時代中期稲作の探求」『堅田直先生古希記念論文集』真陽社
辰井隆　一九四一『武庫川六甲山附近口碑伝説集（兵庫県・神戸市及び武庫・川邊・有馬郡）』民俗研究所
田中俊明　二〇〇八「三国の興亡と加耶」『朝鮮の歴史』昭和堂
朝鮮総督府　一九三七『朝鮮の郷土祭祀　部落祭』国書刊行会（覆刻版：一九七二）
朝鮮総督府　一九三八『釈奠・祈雨・安宅』国書刊行会（覆刻版：一九七二）
都築晶子　二〇〇五「六朝後半期における科戒の成立」麥谷邦夫編『三教交渉論叢』京都大学人文科学

研究所
津波高志他　一九八二　『沖縄国頭の村落　上巻・下巻』新星図書出版
戸田芳実　一九九一　『初期中世社会史の研究』東京大学出版会
鳥居龍蔵　一九一八　『有史以前の日本』磯部甲陽堂
鳥越憲三郎　一九九五　『稲作儀礼と首狩り』雄山閣出版
ナウマン、ネリー　一九九四　『山の神』野村伸一他訳　言叢社（原著：一九六三・六四）
中山太郎　一九二五　「人身御供の資料としての「おなり女」伝説」『中央史壇』八月生類犠牲研究特集号（後に礫川全次編『生贄と人柱の民俗学』）
名護市史編さん室　二〇〇三　『民俗Ⅲ　民俗地図』名護市史・本編九、名護市
名護市立博物館編　一九八九　『プーミチャーウガーミ　屋部のウシヤキ』名護博物館
西岡弘　一九五二　「散米考」国学院大学編『古典の新研究』角川書店
西本豊弘　一九九一 a　「狩猟」『古墳時代の研究　4　生産と流通Ⅰ』雄山閣出版
西本豊弘　一九九一 b　「弥生時代のブタについて」『国立歴史民俗博物館研究報告』三六集
西本豊弘　一九九五　「縄文人と弥生人の動物観」『国立歴史民俗博物館研究報告』六一集
西本豊弘　二〇〇八　「ブタと日本人」『人と動物の日本史　1』吉川弘文館
ネフスキー、A・ニコライ　一九一八　「農業に関する血液の土俗」（後に岡正雄編『月と不死』平凡社東洋文庫）
野本寛一　一九八四　『焼畑民俗文化論』雄山閣出版
萩原法子　一九九三　「弓神事の原初的意味を探る」『日本民俗学』一九三号

萩原法子　二〇〇六「オビシャと長江文明」安田喜憲編『山岳信仰と日本人』NTT出版
早川孝太郎　一九三〇「山村手記」『花祭後編』岡書房（『早川孝太郎全集』第二巻）
原田信男　一九九三『歴史のなかの米と肉』平凡社選書（後に平凡社ライブラリー）
原田信男　二〇〇〇「古代日本の動物供犠と殺生禁断」『東北学』三号［原田：二〇一二b］に再録
原田信男　二〇一二a「ハマエーグトゥと沖縄の動物供犠」原田他著『捧げられる生命』御茶の水書房
原田信男　二〇一二b『なぜ生命は捧げられるか――日本の動物供犠』御茶の水書房
原田信男　二〇一三『日本の食はどう変わってきたか――神の食事から魚肉ソーセージまで』角川選書
平賀久　一九九四『はにわの動物園』保育社
平林章仁　二〇〇〇『三輪山の古代史』白水社
平林章仁　二〇〇七『神々と肉食の古代史』吉川弘文館
ブレイ、フランチェスカ　二〇〇七『中国農業史』古川久雄訳、京都大学出版会
フレーザー、ジェイムス　一九五一・五二『金枝篇（一）〜（五）』簡約版　永橋卓介訳　岩波文庫
（原著：一九二二、初版：一八九〇）
平郡達哉　二〇〇八「先史」田中俊明編『朝鮮の歴史』昭和堂
堀田吉雄　一九六六『山の神信仰の研究』伊勢民俗学会
前城直子　二〇一二「牛はなぜ捧げられるか」原田ほか著『捧げられる生命』御茶の水書房［原田：二〇一二a］
松井章　一九九一「家畜と牧――馬の生産」『古墳時代の研究　第四巻』雄山閣出版
松井章　一九九五a「古代・中世の村落における動物祭祀」『国立歴史民俗博物館研究報告』六一集

松井章　一九九五b　「池島・福万寺遺跡出土の動物遺存体」『池島・福万寺遺跡発掘調査概要XI』大阪文化財センター
松井章　二〇〇三a　「動物祭祀」『いくつもの日本Ⅶ　神々のいる風景』岩波書店
松井章　二〇〇三b　「出雲国府跡5号土坑から出土した動物遺存体」『史跡出雲国府跡1』島根県教育委員会
松井章　二〇一〇　「渡来した習俗・技術」松藤和人他編『よくわかる考古学』ミネルヴァ書房
松村武雄　一九五八　『日本神話の研究　第四巻　綜合研究編』第七章、培風館
松山光秀　二〇〇四　「浜オリ儀礼の基本構造と夏目踊り」『奄美沖縄民間文芸学』四号　奄美沖縄民間文芸学会
三浦佑之　一九九二　「イケニエ譚の発生」赤坂憲雄編『叢書　史層を掘る　4　供犠の深層へ』新曜社（後に『神話と歴史叙述』）
三浦佑之　二〇〇七　「人間鉄骨論」中村生雄他編『狩猟と供犠の文化誌』森話社
三品彰英　一九七三　『古代祭政と穀霊信仰　三品彰英論文集　第五巻』平凡社
三橋正　一九八九a　「『延喜式』穢規定と穢意識」『延喜式研究』二号、延喜式研究会
三橋正　一九八九b　「『弘仁・貞観式』逸文について」『国書逸文研究』二二号、国書逸文研究会
宮崎康雄　二〇〇八　「今城塚古墳」大阪府立近つ飛鳥博物館編『埴輪群像の考古学』青木書店
宮平盛晃　二〇一二　「南島におけるシマクサラシの性格」原田他著『捧げられる生命』御茶の水書房
宮良賢貞　一九七九　『八重山芸能と民俗』根元書房
六車由実　二〇〇三　『神、人を喰う』新曜社

本山桂川　一九三四『信仰民俗誌』昭和書房
桃崎祐輔　一九九三「古墳に伴う牛馬供犠の検討」『古文化論叢』三一集、九州古文化研究会
森田克行　二〇〇八「新・埴輪芸能論」大阪府立近つ飛鳥博物館編『埴輪群像の考古学』青木書店
柳田国男　一九〇九『後狩詞記』自費出版（『柳田国男全集』第一巻）
柳田国男　一九一一「掛神の信仰に就て」『仏教史学』一巻八号（『柳田国男全集』第二四巻）
柳田国男　一九一六「浜弓考　上・下」『郷土研究』四巻七・八号（『柳田国男全集』第二五巻）
柳田国男　一九一七「一目小僧」（『一目小僧その他』）『東京日日新聞』八月一四日〜九月六日（『柳田国男全集』第七巻）
柳田国男　一九一八a「農に関する土俗」『郷土誌論』『黒潮』三巻四号（『柳田国男全集』第三巻）
柳田国男　一九一八b「橋姫」（『一目小僧その他』）『女学世界』一八巻一号（『柳田国男全集』第七巻）
柳田国男　一九二五「餅白鳥に化する話」（『一目小僧その他』）『東京朝日新聞』一月九〜一一・一三日（『柳田国男全集』第七巻）
柳田国男　一九二七a「鹿の耳」（『一目小僧その他』）『中央公論』四二巻一一号（『柳田国男全集』第七巻）
柳田国男　一九二七b「松王健児の物語」（『妹の力』）『民族』二巻二号（『柳田国男全集』第一一巻）
柳田国男　一九二七c「人柱と松浦佐用媛」（『妹の力』）『民族』二巻三号（『柳田国男全集』第一一巻）
柳田国男　一九三五「遠野物語拾遺」『遠野物語　増補版』郷土研究社（『柳田国男全集』第二巻）
柳田国男　一九四二「供物と神主」『日本の祭』弘文堂書房（『柳田国男全集』第一三巻）
柳田国男　一九四六「田の神と山の神」『先祖の話』筑摩書房（『柳田国男全集』第一五巻）

柳田国男　一九六一『海上の道』筑摩書房（『柳田国男全集』第二一巻）
籔元晶　二〇〇二「空海請雨伝承の成立と展開」『雨乞儀礼の成立と展開』岩田書院
山下欣一　一九六九「南島における動物供犠」『南島研究』一〇号　南島研究会
山下欣一　一九八二「南島の動物供犠について」『國學院雑誌』八三巻一一号
山田仁史　二〇〇七a「金の枝を手折りて」『論集』三四号、印度学宗教学会（東北大学）
山田仁史　二〇〇七b「東南アジアにおける〈首狩文化複合〉」『東アジアにおける人と自然の対抗／親和の諸関係にかんする宗教民俗学的研究』科研研究成果報告書（代表・中村生雄）
山田仁史　二〇〇八「台湾原住民における首狩」『アジア民族文化研究』七号
山中裕　一九七二『平安朝の年中行事』塙書房
横田健一　一九六九『日本古代の精神』講談社現代新書
義江明子　一九九六『日本古代の祭祀と女性』吉川弘文館
吉田比呂子　二〇〇〇「宗教的・儀礼的性格を持つ解釈用語の問題点」国語語彙史研究会編『国語語彙史の研究　一九』和泉書院
吉田美穂　一九一三「熊野雨乞行事（牛の首）」『郷土研究』一巻七号　郷土研究社
李　杜鉉　一九七七「歳時風俗」同他編『韓国民俗学概説』崔吉城訳　学生社

《典拠文献》

『阿蘇社年中神事次第写』阿蘇品保夫他校注『神道大系　神社編五十』神道大系編纂会　一九八七
『阿蘇大宮司惟忠御田出仕次第写』阿蘇品保夫他校注『神道大系　神社編五十』神道大系編纂会　一九八七

『阿蘇大明神流記』阿蘇品保夫他校注『神道大系 神社編五十』神道大系編纂会 一九八七
『阿蘇宮由来略』阿蘇品保夫他校注『神道大系 神社編五十』神道大系編纂会 一九八七
「伊居太神社日記（下巻）」『池田市史 史料編③』池田市史編纂委員会編 一九六八
『一宮社伝書 上』藤井駿他校注『神道大系 神社編三十八』神道大系編纂会 一九八六
『一遍聖絵』大橋俊雄校注 岩波文庫 二〇〇〇
『伊予三島縁起』『続群書類従』第三輯下 続群書類従完成会 一九二五
『伊呂波字類抄』一〇巻本 原装影印版 古辞書叢刊 雄松堂書店 一九七七
『色葉字類抄一』前田育徳会尊経閣文庫編 尊経閣善本影印集成 八木書店 一九九九
『石見外記』内閣文庫蔵本（国立公文書館所蔵）
『宇治拾遺物語』渡邊綱也他校注 日本古典文学大系 岩波書店 一九六〇
『宇都宮大明神代々奇瑞之事』『群書類従 第二輯 神祇部』続群書類従完成会 一九三二
『雲根志 上巻』正宗敦夫校訂 日本古典全書 一九三〇（覆刻版：一九七九）
『延喜式』黒板勝美編『交替式・弘仁式・延喜式 前篇』『延喜式 中篇』『延喜式 後篇』国史大系 吉川弘文館 一九八一
『沖縄県国頭郡志』国頭郡教育委員会編 沖縄出版会 一九一九
『奥三河花祭り祭文集』武井正弘編 岩田書院 二〇一〇
『甲斐国志 第二巻』佐藤八郎他校訂 大日本地誌大系 雄山閣 一九七〇
「嘉永六年大干魃記録」『箕面市史 史料編六』箕面市史編集委員会編 一九七五
『漢書』第一〇冊 顔師古注 中華書局版

『魏志』韓伝・高句麗伝・挹婁伝　井上秀雄他訳注『東アジア民族史 1』平凡社東洋文庫　一九七四
『魏志』扶余伝　『三国志』裴松之注　中華書局版
『魏志』倭人伝　『新訂　魏志倭人伝・後漢書倭伝・宋書倭国伝・隋書倭国伝』石原道博編訳　岩波文庫　一九八五
『久米仲里旧記』外間守善・玉城政美編『南島歌謡大成　第一巻』角川書店　一九八〇
『広辞苑　第二版』　新村出編　岩波書店　一九六九
『皇太神宮儀式帳』胡麻鶴醇之他校注『神道大系　神宮編一』神道大系編纂会　一九七九
『弘仁式』逸文　→『西宮記』巻七臨時六
『高麗史』鄭麟趾奉勅修『高麗史　第一』国書刊行会　一九〇八
『後漢書』扶余国伝　井上秀雄他訳注『東アジア民族史1』平凡社東洋文庫　一九七四
『古語拾遺』西宮一民校注　岩波文庫　一九八五
『古事記』青木和夫他校注　日本思想大系　岩波書店　一九八二
『今昔物語集　四』山田孝雄他校注　日本古典文学大系　岩波書店　一九六二
『校正　作陽誌　上・下』大谷藤次郎校正　仁科照文社　一九〇四
『薩隅日地理纂考』鹿児島県教育会編纂　鹿児島県地方史学会版　一九七一
『三国史記』学習院大学東洋文化研究所　一九六四
『三国史記（鋳字本）』学東叢書　学習院大学東洋文化研究所　一九八六
『三国神社伝記』佐伯有清校訂　思文閣　一九〇八
『三国名勝図会　第四巻』原口虎雄監修　青潮社　一九八二

『塩尻』日本随筆大成編集部編『日本随筆大成 第三期』一三・一五巻 吉川弘文館 一九七七
『字鏡集 六』（国会本）古辞書叢刊刊行会編 原装影印版 増補 雄松堂書店 一九七七
『詩学大成抄』大塚光信編『新抄物資料集成 第一巻』清文堂出版 二〇〇〇
『史記 一』『史記 五（世家上）』吉田賢抗校注 新釈漢文大系 明治書院 一九七三・七七
『字通』白川静著、平凡社、一九九六
『四民月令』渡辺武訳注 平凡社東洋文庫 一九八七
『下野狩集説秘録』阿蘇品保夫他校注『神道大系 神社編五十』神道大系編纂会 一九八七
『拾菓集』外村久江他編『早歌全詞集』中世の文学 三弥井書店 一九九三
『周礼』本田二郎『周礼通釈 上』秀英出版 一九七七
『小右記』東京大学史料編纂所編 大日本古記録 岩波書店 一九七六
『上清太上帝君九真中経』道蔵正乙部一九 芸文印書館影印（台湾）一九六二年
『続日本紀 一・二・四・五』青木和夫他校注 新日本古典文学大系 岩波書店 一九八九・九〇・九五・
九八
『史料総覧 巻一』東京帝国大学史料編纂所編 東京大学出版会 一九二三
『神祇志料 下巻』栗田勤校訂 思文閣 一九二七
『真誥』百部叢書集成 芸文印書館影印（台湾）
『新撰字鏡』京都大学文学部国語学国文学研究室編『天治本 新撰字鏡 増訂版』臨川書店 一九六七
『神仙伝』福井康順訳注 明徳出版社 一九八三
『神道集 東洋文庫本』近藤喜博編 角川書店 一九五九

『隋書』高祖伝　『隋書』二十四史　中華書局版

『隋書』倭国伝　『新訂　魏志倭人伝・後漢書倭伝・宋書倭国伝・隋書倭国伝』石原道博編訳　岩波文庫　一九八五

『住吉松葉大記』真弓常忠監修　覆刻　皇学館大学出版部　一九八四

『諏訪大明神絵詞』今津隆弘「校訂『諏訪大明神絵詞』（前編・後編）」『神道史研究』四三巻二・三号　一九九四・九五

『すわの海』内田武志他編『菅江真澄全集　第一巻』未来社　一九七一

『西宮記』土田直鎮他校注『神道大系　朝儀祭祀編二』神道大系編纂会　一九九三

『摂陽群談』元禄一四年刊　岡田徯志編　大日本地誌大系　雄山閣　一九三〇年

『国訳　全讃史』青井常太郎校訂　復刻　讃岐叢書　一九七二

『全讃史』→『国訳　全讃史』

『撰集抄』久保田淳編『西行全集』日本古典文学会　一九八二

『箋注倭名類聚抄』『諸本集成　倭名類聚抄　本文篇』京都大学文学部国語学国文学研究室編　臨川書店　一九八一

『続古事談』川端善明他校注『古事談　続古事談』日本思想大系　岩波書店　二〇〇五

『蘇渓温故』阿蘇品保夫他校注『神道大系　神社編五十』神道大系編纂会　一九八七

『大漢和辞典』諸橋轍次編、大修館書店、一九五五〜六〇

『太宰管内志（下）』歴史図書社　一九六九

『大戴礼記』栗原圭介校注　新釈漢文大系　明治書院　一九九一

『丹波志』古川茂正他編　名著出版　一九七四
『中山神社縁由』藤井駿他校注『神道大系　神社編三十八』神道大系編纂会　一九八六
『中山世鑑』横山重編　琉球史料叢書　鳳文書館　一九九〇（復刻再版）
『通典』挹婁伝・馬韓伝　井上秀雄他訳注『東アジア民族史2』平凡社東洋文庫　一九七六
『東国歳時記』姜在彦訳注『朝鮮歳時記』平凡社東洋文庫　一九七一
『遠野物語拾遺』→［柳田：一九三五］
『寧楽遺文』上巻　竹内理三編　東京堂出版　一九六二
『南路志』高知県文教協会　一九五九
『日光山縁起』萩原龍夫他校注『寺社縁起』日本思想大系　岩波書店　一九七五
『邦訳　日葡辞書』土井忠生他編訳　岩波書店　一九八五
『日本紀略』黒板勝美編『日本紀略　第二・第三』国史大系　吉川弘文館　一九八〇
『日本三代実録』黒板勝美編　国史大系　吉川弘文館　一九九六
『日本書紀　上・下』坂本太郎他校注　日本古典文学大系　岩波書店　一九六七・六五
『日本民俗大辞典　下』福田アジオ他編　吉川弘文館　二〇〇〇
『日本霊異記』遠藤嘉基他校注　日本古典文学大系　岩波書店　一九六七
『年内神事次第旧記』『新編　信濃史料叢書　第七巻』信濃史料刊行会　一九七二
『播磨国風土記』→『風土記』
『肥後国誌　下巻』（原著：成瀬久敬『新編肥後国志草稿』）後藤是山編　九州日日新聞社　一九一七
『新編肥後国志草稿』→『肥後国誌』

『常陸国風土記』→『風土記』
『袋草紙 上巻』佐々木信綱編 日本歌学大系 風間書房 一九五六
『風土記』秋本吉郎校注 日本古典文学大系 岩波書店 一九五八
『豊後国風土記』→『風土記』
『粉本稿』内田武志他編『菅江真澄全集 第九巻』未来社 一九七三
『法式』沖縄県教育委員会編『沖縄県史料 前近代一』一九八一
『房総志料』『房総叢書 第六巻』房総叢書刊行会 一九四一
『北山抄』土田直鎮他校注『神道大系 朝儀祭祀編三』神道大系編纂会 一九九二
『本朝神社考』谷川健一他編『日本庶民生活史料集成 第二六巻 神社縁起』三一書房 一九八三
『梵網経』加藤観澄訳『国訳一切経 律部一二 梵網経』大東出版社 一九三〇
『政基公旅引付』宮内庁書陵部編 図書寮叢刊 養徳社 一九六一
『万葉集』佐佐木信綱編『新訓 万葉集 下巻』岩波文庫 一九二七
『万葉集仙覚抄』『万葉集仙覚抄 万葉集名物考 他二編』日本文学古註釈大成 日本図書センター 一九七

八

『万葉拾穂抄』第四巻 影印本 新典社 一九七六
『参河国官社考集説』真壁俊信校注『神道大系 神社編一五』神道大系編纂会 一九八八
『御子神記事』秋澤繁他編『土佐国群書類従 巻一』高知県立図書館 一九九八
『三島宮御鎮座本縁』大山祇神社編 一九八六
『名語記』北野克編 勉誠社 一九八三

『本部町史　資料編2』本部町史編集委員会編　本部町役場　一九八四
『谷能避寝記』→［本山：一九三四］
『山城国風土記』逸文→『風土記』
『大和国高取領風俗問状答』竹内利美他編『日本庶民生活史料集成　第九巻　風俗』三一書房　一九六九
『養老律令』井上光貞他校訂『律令』日本思想大系　岩波書店　一九七六
『礼記　上・中』竹内照夫校注　新釈漢文大系　明治書院　一九七一・七七
『李朝実録』谷川健一他編『日本庶民生活史料集成　第二七巻　三国交流誌』三一書房　一九八一
『琉球国旧記』伊波普猷他編　琉球史料叢書　一九四二（旧名取書店版）
『琉球国由来記』伊波普猷他編　風土記社　一九八八（旧名取書店版）
『令義解』黒板勝美編『律・令義解』国史大系　吉川弘文館　一九六六
『呂氏春秋　上』楠山春樹校注　新編漢文選　明治書院　一九九六
『類聚三代格』黒板勝美編『類聚三代格　後編・弘仁格抄』国史大系　吉川弘文館　一九八〇
『類聚名義抄』野間光辰他編『類聚名義抄観智院本仏・法』天理図書館善本叢書　八木書店　一九七六
『倭名類聚抄』国会図書館蔵元和古活字版二〇巻本　中田祝夫編　勉誠社文庫　勉誠社　一九七八
『倭名類聚抄』一〇巻本→『箋注倭名類聚抄』
『倭名類聚抄』下総本、国立公文書館蔵本

＊なお本書における史料引用は、読みやすさを考慮して、漢文は読み下し文とし、カタカナ文も適宜ひらがな文に改め、原則として新仮名遣いとした。

あとがき

「はじめに」でも記したように、本書は旧著『歴史のなかの米と肉』（平凡社選書、一九九三）で残した問題に、私なりの解答を与えようとした試みにすぎない。ちょうど二〇年前の宿題を、やっとのことで提出できたようなものである。そして、この課題の存在に気づかせてくれたのは、供犠論研究会での議論と調査見学であった。

供犠論研究会は、故・中村生雄さんが、赤坂憲雄さんや三浦佑之さんたちを誘って、一九九八年に立ち上げた研究会で、最終的には宗教学・哲学・日本文学・文化人類学・民俗学・歴史学・考古学などを専門とする計一六名のメンバーで構成された。幸いにも私は第一回目からお誘いを戴いたが、見学先ではいつも夜中まで、泥酔しつつ激しい議論の応酬を繰り返した。

この研究会については、すでに拙文「供犠から供養へ」に記したので（『季刊 東北学』二六号、二〇一一）、興味のある方は参照されたいが、いくつかの成果を公にして、中村さんの逝去を機に一〇年余の幕を閉じた。疑いもなく本書は、この研究会の成果であり、こうした出会いがなければ生まれなかった。

とくに私が動物供犠の問題を、正面から論じてみたいと思ったのは、二〇〇五年の供犠論研究会で沖縄に出かけて、第一章で扱った知念志喜屋のハマエーグトゥを見たことによる。直感的に、これは農耕儀礼だと思った。それから何度か、この祭儀を見学させて戴いて、論文を書いたが、奇しくも拙著ライブラリー版の「あとがき」を記したのは、最初に見たハマエーグトゥの前御願の夜のことであった。

そして今、国士舘大学から沖縄県立芸術大学附属研究所での国内研修を命じられている。改めて沖縄の風を感じながら、もう一度この祭儀を思い起こし、小稿を進めることができたのは、実に有り難いことである。沖縄の対極にあたる北海道に一五年住んで、しばしば沖縄に通いながら勉強させて戴いてきたが、半年とはいえ実際に沖縄で暮らすという機会は得がたいものである。

日本のことを考えるのには、北海道と沖縄という二つの視点が、どうしても必要だと思い込んで久しい。もちろん中国大陸・朝鮮半島との関連も重要であるが、日本の歴史が一様に列島に展開したわけではなく、中央とは違った文化が各地で営まれてきたということが、とくに北海道・沖縄に眼を向けると確実に見えてくる。

しかも今回の動物供犠のような問題は、すでに論じたように、中央の文献史料からだけで読み取ることは不可能に近い。考古学や民俗学の成果と、地方に残る文献の公刊に助けられて、やっとのことで本書のような結論にたどり着くことができた。また歴史学の時代的専門性をはみ出し、勝手に時代を行き来できたことも大きかった。

しかし正直なところ作業はきつかった。とくに、この二年ほどの集中は、かつての自分には考えられないことで、還暦を超えた焦りを感じているのかも知れない。長いこと好き勝手に、寄り道と遠回りばかり繰り返してきた罰だとはわかっているが、あれこれと遊び好きな性格は直らず、目の前に残された課題の多さと重さに戸惑うばかりである。

実は本書は、すでに刊行した共著『捧げられる生命』と拙著『なぜ生命は捧げられるか』(共に御茶の水書房、二〇一二)の主要論旨を、その後に実施した現地調査の成果を踏まえて書き改めたものである。実際に現地に立ってみると、その風景から見えてくるものは多彩である。そこを見ることで、いくつかの実感を得ることができた。

ただ、ここではなにゆえ時間がないと嘆きながら、同じような作業を繰り返したのか、少しばかり弁明しておきたい。この二冊の著作は、かなり成稿に腐心し、全精力を費やしたが、両著とも堅く専門的な論述となった上に、発行部数が少なかったため、未だにほとんど反応を得られない状況にある。そんななかで、平凡社編集部から、改めて新書として書き下ろさないか、とお声をかけて戴いた。そもそも同社とは、旧著を出して戴いたご縁もあり、有り難くお請けすることとした。
たしかに苦しみながら思考を重ねていた時とは異なって、全体像を完成させた後に、改めて論理を組み立て直すことができたおかげで、かなりすっきりした記述となったと思う。ただ当然ながら、分量的にカットせざるをえない部分が圧倒的に多かったので、詳しくは先の二冊をご参照戴きたい。ただ両書では、うまく使えなかった史料も、今回ほんの僅かではあるが付け加えることができた。
いずれにしても、これで日本の米と肉に関わる問題は、いちおうの区切りがついたと考えるので、これからは次の新たな別の課題に取り組んでいきたい。これを機会に、改めて北海道と沖縄の問題を、見つめ直してみたいと思う。双方の世界に、ほんの少しではあるが、足を踏み入れさせて戴いたことに感謝しつつ、牛歩のごとくではあるが、もうしばらくは勉強を続けていきたい。

そういえば今日は、かつて日本という共同体のために、沖縄・奄美・小笠原が、アメリカへの供物とされた日でもある。極東の安全という名目のもとに。

二〇一三年四月二八日　那覇安里の寓居にて　原田信男

【著者】
原田信男《はらだ のぶお》
1949年栃木県生まれ。明治大学大学院文学研究科博士課程退学。博士（史学）。現在、国士舘大学21世紀アジア学部教授。専攻、日本文化論、日本生活文化史。主な著書に、『江戸の料理史』（中公新書、サントリー学芸賞）、『歴史のなかの米と肉』（平凡社ライブラリー、小泉八雲賞）、『中世村落の景観と生活』（思文閣出版）、『江戸の食生活』（岩波現代文庫）、『食をうたう』（岩波書店）などがある。

平凡社新書 730

神と肉
日本の動物供犠

発行日――2014年4月15日　初版第1刷

著者――原田信男
発行者――石川順一
発行所――株式会社平凡社
東京都千代田区神田神保町3-29　〒101-0051
電話　東京（03）3230-6580［編集］
東京（03）3230-6572［営業］
振替　00180-0-29639
印刷・製本―株式会社東京印書館
装幀――菊地信義

ISBN978-4-582-85730-6
NDC 分類番号380.1　新書判（17.2cm）　総ページ254
平凡社ホームページ　http://www.heibonsha.co.jp/

平凡社新書　好評既刊！

426
かなづかい入門
歴史的仮名遣vs現代仮名遣
白石良夫
「考へる」は「考える」よりえらい？　仮名遣の歴史と本質を説いて目からウロコ。

460
『遠野物語』を読み解く
石井正己
物語誕生から百年。不思議な霊異譚の背景に秘められたものを解き明かす。

482
原始日本語のおもかげ
木村紀子
茸はどうして「～タケ」？　身近な語彙の影に文字以前の言葉と文化が見えてくる。

566
江戸の本づくし
黄表紙で読む江戸の出版事情
鈴木俊幸
黒本、青本、洒落本、咄本、江戸の本たちが誘拐劇を繰り広げる大人の絵本を読む。

570
日本語の深層
ことばの由来、心身のむかし
木村紀子
身近な言葉の由来を辿ると、言葉と共に生きた遠い祖たちの姿と心が見えてくる。

591
下級武士の米日記
桑名・柏崎の仕事と暮らし
加藤淳子
新田の開発から検地、給与米の受渡しまで、米とともに生きた侍の日常を描く。

597
一冊でつかむ古代日本
武光誠
七九四年、桓武天皇が平安京に遷都するまでの、古代三〇〇年に焦点を当てる。

598
菅江真澄と旅する
東北遊覧紀行
安水稔和
民俗学の祖・菅江真澄とは一体何者だったのか。その足跡を辿り、再び東北へ。

平凡社新書　好評既刊！

684 大相撲の見かた　桑森真介
攻防の駆け引きや力士の攻めの型など、相撲観戦が楽しくなる見どころを紹介。

694 連句の教室　ことばを付けて遊ぶ　深沢眞二
連句の秘訣は前句とは別の世界に転じること。教室での連句づくりに紙上参加！

703 黒田官兵衛　智謀の戦国軍師　小和田哲男
卓越した「謀」の才能で、激動の戦国時代を終焉に導いた武将の生涯を描く。

704 神社の起源と古代朝鮮　岡谷公二
渡来人の足跡をたどることで原始神道の成り立ちに迫るスリリングな旅の遍歴。

712 驚きのアマゾン　連鎖する生命の神秘　高野潤
未知なる熱帯雨林に魅せられた写真家の30年にわたる旅の記録。図版多数掲載。

713 戦国大名　政策・統治・戦争　黒田基樹
大名権力はいかに領国を治めたのか。最新の研究成果による戦国大名像の決定版。

723 桜は本当に美しいのか　欲望が生んだ文化装置　水原紫苑
記紀・万葉から桜ソングまで、あえて誰も触れえなかった問いに歌人が挑む。

724 世界を動かす聖者たち　グローバル時代のカリスマ　井田克征
激動の南アジアで活躍する聖者の姿から、再び宗教化する21世紀の世界を描く。

新刊、書評等のニュース、全点の目次まで入った詳細目録、オンラインショップなど充実の平凡社新書ホームページを開設しています。平凡社ホームページ http://www.heibonsha.co.jp/ からお入りください。